Die Stufen des Pranayama

Das Geheimnis von Atmung und Konzentration für ein erfülltes Leben

D. Harald Alke
(Brahm Atma Singh)
Kyborg Institut & Verlag

Cip-Einheitsaufnahme der Deutschen Bibliothek:

Alke, Detlef Harald, Die Stufen des Pranayama
Das Geheimnis von Atmung und Konzentration für ein erfülltes Leben / D. Harald Alke: Flörsheim-Dalsheim: Anahata Verlag 1989 / Kyborg Institut & Verlag 1994 / 1999 / 2001 / 2003 (Trainingsprogramme für Führungskräfte ; 2) NE:GT

Dieses Buch ist der Einführungs- und Vorbereitungsband auf die Methoden des Kundalini Yoga: Energytraining Band 1 und 2 mit CDs. Ein ganzheitliches Training für Körper, Seele und Geist.

September 1992 wesentlich veränderte und erweiterte 2. Auflage
Korrigierte 3. Auflage September 1994
Unveränderte 4. Aufl. 1999
Unveränderte 5. Aufl. 2001
Vollständig überarbeitete 6. Auflage 2003

Alke GmbH Spirituelle Kunst & Magie
Kyborg Institut & Verlag
Silvanerring 17, Postfach 20, D - 67592 Flörsheim-Dalsheim
Tel. 06243-7057 Fax. 06243-7057
www.kyborg-institut.de info@kyborg-institut.de

Umschlagfotos Dr. med. Helmut Nagel
Titelseite: Einer der vier Gopuras, Eingangstürme des großartigen Tempelbezirks von Mandurai, Indien, 17. Jahrhundert. Die 7 Stufen symbolisieren die 7 Energiezentren des Menschen. Je höher wir kommen, um so weniger Eingeweihte treffen wir auf den jeweiligen Stufen. Die 2 Bogen an der Spitze sind den 2 Teilen des Yin und Yang vergleichbar. Sie münden wie die zwei Energiekanäle Ida und Pingala in unserem 7. Chakra.
Rückseite: Über den Wolken, muß die Freiheit doch grenzenlos sein...

ISBN: 3 - 924722 - 07 - 2

Inhaltsverzeichnis

Atmung ist Leben!

"Bevor Du die Aufgabe meistern kannst, Dein ganzes Leben bewußt zu gestalten, sammle erst einmal Kenntnis der Dinge, die Du meistern willst!"

Die Atmung ist für unser Leben von elementarer Bedeutung. Unsere Atmung setzt die Energie frei, die wir brauchen, um unseren Körper zu erhalten. Unsere Atmung schafft die Verbindung zwischen der körperlichen Ebene und der rein geistigen Ebene. Atmung ist ein chemisch-physiologischer Prozeß. Er setzt gebundene Energie frei. Diese Energie ermöglicht es, unseren physischen Körper zu aktivieren und zu benutzen. Bei unserer Lebensenergie handelt es sich um Sonnenenergie. In Jahrmilliarden haben die Lebewesen auf der Erde einen Weg gefunden, das Sonnenlicht zu assimilieren. Die Pflanzen verwenden einen Teil des sichtbaren Lichts und die Wärme, die von der Sonne kommt. Sie bauen mit Hilfe des Chlorophylls Kohlehydrate auf. Die Menschen und der größte Teil der Tierwelt kann Pflanzen als Nahrungsmittel aufnehmen und assimilieren. Außerdem brauchen wir ebenfalls die Wärme der Sonne. Wir atmen den Sauerstoff ein, den die Pflanzen ausatmen und wir essen die Pflanzen. Durch die in ihren Körpern gespeicherte Sonnenenergie, z.B. den Traubenzucker, gewinnen wir die Energie, die wir zum Leben brauchen. Mit dem Ende der Atmung erlischt das "Lebenslicht". Die Aktivitäten des Körpers brechen zusammen. Der Körper erschlafft und stirbt. Der Geist muß den Körper verlassen.
Wie passend ist doch die Symbolik des "Lebenslichtes"! Die Kerze funktioniert ebenfalls durch einen Verbrennungsprozeß. Der Docht beginnt zu atmen, sobald er von einer Flamme den "Lichtimpuls" bekommen hat. Einmal angezündet, wird sich die Kerze verzehren. Sie spendet Licht, so lange frische Luft und Kerzenfett zur Verfügung steht.
Nicht anders ist es mit unserem Leben. Sobald ein geistiger Impuls eine reife Samenzelle erfaßt, beginnt unser Leben. Der Geist des ungeborenen Lebens erfaßt eine geeignete Samenzelle und dirigiert sie zur Eizelle. Die Eizelle enthält bereits den Impuls des

Lebens, die Gaia-Intelligenz. Das Leben der Gaia ist nicht mehr abgerissen seit Anbeginn unserer Zeit. Der Geist, der sich inkarniert und der Funken des Gaia-Bewußtseins vereinigen sich.
Eine ausführliche Darstellung finden Sie in meinem Buch "Energie für Millionen". Wir entnehmen der Umwelt Nährstoffe und Sauerstoff, beginnen zu atmen, wachsen heran, altern, verzehren uns und schwinden dahin. Was übrig bleibt ist der Geist, der vorher schon da war. Ebenso wie die Hitze und das Licht der Kerze teilt sich unser Geist der Umwelt mit. Wir senden ein Signal. Wir zünden ein Licht an, mit jeder neuen Geburt, die wir erleben. Mit dem Atem nehmen wir den lebenswichtigen Sauerstoff auf und geben verbrauchte Luft ab. Der Sauerstoff wird im Körper bei vielen chemischen Prozessen gebraucht. Wir sprechen von Oxidation und Reduktion. Dabei werden Stoffe umgewandelt und Energie wird freigesetzt.
Zusammen mit der Atemluft nehmen wir Prana auf. Dabei handelt es sich um freie Energiepartikelchen, die mit dem Sonnenwind zur Erde gelangen. Prana wird an der Nasenwurzel in den Energiekörper aufgenommen. Aus Prana bauen wir unseren Astralkörper auf. Wer ständig in düsteren Räumen, Fabriken oder unter der Erde lebt, muß entweder das notwendige Prana aus der Nahrung ziehen oder er verkümmert wie eine grüne Pflanze ohne Sonnenlicht. Prana kann nicht ersetzt werden. Prana ist nicht einfach Licht, es ist eine bestimmte energetische Substanz, die seit dem Ursprung des Universums existiert. Ein Teil des Prana wird bei unseren Lebensprozessen verbraucht. Es wird umgewandelt in Apana. Wir atmen Apana aus, zusammen mit der verbrauchten Luft und dem darin enthaltenen Kohlendioxid. Apana ist die negative Form des positiven Prana. Apana ist polarisiertes Prana, dem die dynamische Energie fehlt.
Prana können wir sehen lernen. Die Pranapartikelchen kommen zwar von der Sonne zu uns auf die Erde, sie unterliegen jedoch nicht der Schwerkraft. Wenn die Sonne scheint, sollten Sie einmal einen Blick aus dem Fenster werfen. Am besten Sie schauen in den blauen Himmel, jedoch nicht in die Sonne. Konzentrieren Sie sich auf Nichts. Richten Sie Ihren Blick in den leeren, blauen Himmel. Fixieren Sie Ihre Augen auf einen Bereich vor Ihnen, nicht zu

weit entfernt, so als wenn in 50 m Höhe ein Vogel vorbeifliegt. In diesem entspannten Zustand werden Sie schnell winzige, gleißende Lichtpunkte entdecken, die umherhüpfen wie Wasserflöhe. Wenn Sie erst einmal wissen, was gemeint ist, dann können Sie diese Teilchen überall entdecken. Nur die Konzentrationsdichte wird verschieden sein. Prana ist also überall. Wir sind es nur nicht gewohnt, darauf zu achten.
In dichtem Smog-Nebel ist fast nichts mehr vorhanden. Aus diesem Grund sind viele Menschen bei Smog so erschöpft. Es ist nicht nur der Schmutz, es ist auch der akute Mangel an Prana. Die Seele beginnt zu leiden, weil sie keine Nahrung mehr bekommt. Diese kleinen Energiepartikelchen hüpfen auf und ab. Sie unterliegen nicht der Schwerkraft, springen munter umher und sind bei voller Sonne überall. Aus diesem Grund zieht es uns in die Berge oder ans Meer, weniger in den Urwald. Alle Lebensformen brauchen Prana! Viele atmen es ein und bauen daraus ihren Energiekörper auf. Andere holen es sich nur, indem sie sich von anderen Lebewesen ernähren. Was die Nahrung an Wert hat, ist keineswegs nur die gute Materie, etwa Eiweiß, Fett, Kohlehydrate und Mineralien. Das Wichtigste sind die Energiereserven, die noch in der Substanz stecken!
Wenn wir normal und gut leben, dann haben wir auch genug Sonnenlicht. Bereits ständiger Aufenthalt unter Leuchtstoffröhren schwächt unseren Energiekörper, weil in Räumen mit hoher Leuchtstofflicht-Konzentration Prana abgebaut wird. Das ist der Grund, warum viele Menschen, die unter Leuchtstoffröhren arbeiten, abends völlig leer nach Hause gehen. Ebenso ist es die Ursache für die oft sehr unangenehmen Klimabedingungen in Warenhäusern, wo ein sensibler Mensch am liebsten schnell wegläuft. Die miserable Luft in derartigen Räumen hängt von mehreren Faktoren ab. Die Luft ist immer positiv ionisiert. Wir Menschen brauchen negativ ionisierte Luft. Unsere Atemluft muß frisch sein, damit wir uns wohl fühlen. Das ist überall am Meer oder im Wald der Fall und nach jedem Regen, wenn die Luft frisch und feucht ist. Trockene, warme Luft ist schlecht für unseren Körper.
Die Konzernführer sollten ihren Angestellten für eine optimale Leistung ein gesundes Klima bieten. In einem Büro, das mich er-

schöpft, ohne einen Handschlag zu tun, kann ich nicht frei arbeiten. Die Denkleistung läßt nach, das Gehirn arbeitet nur widerwillig. In einem Kaufhaus, wo empfindsamen Kunden schlecht wird vom Klima, werden die Umsätze niemals optimales Niveau erreichen.
Die Stahlbetonkonstruktionen sorgen für gewaltige elektromagnetische Felder. Eisengitter in den Decken wirken wie Antennen, wenn sie nicht zufällig geerdet sind. Die Angestellten und Kunden stehen in stressigen Magnetfeldern, gegen die sie mühsam ankämpfen müssen, um ihre Konzentration zu wahren. Es mag einen gewissen Nutzen haben, wenn die Kunden geistesabwesend umherirren und zum Schluß jeden Unsinn kaufen. Optimal konzipierte Warenhäuser würden aber sicher mehr Kunden anlocken, weil man sich darin wohlfühlt. Die soeben geschilderten elektromagnetischen Felder in Verbindung mit den permanent flackernden Leuchtstoffröhren vernichten in großem Ausmaß Prana. Die Menschen merken unbewußt, daß sie sich in solchen Räumen nicht lange aufhalten dürfen. Es macht sie schwach. Sie bekommen Atembeschwerden, selbst bei geringer Schadstoffkonzentration. Die Atmosphäre selbst wirkt niederdrückend. Diese 4 Faktoren (positiv ionisierte Luft, Elektrosmog und Magnetfelder, Leuchtstofflicht-Geflacker und Vernichtung von Prana) wirken in fast allen modernen Bauten schädigend. Sie sind schlecht für die Kunden, für die Angestellten und garantiert schlecht fürs Geschäft. Es kann kein Argument sein, daß man auch mit diesen Zuständen überleben wird! Es gilt, unsere Umwelt lebensfreundlicher und aufbauender zu gestalten, anstatt uns durch Tausende von kleinen negativen Faktoren krank zu machen. Mit solchen Lebensbedingungen wirtschaften wir uns selbst herunter.
In neue große Gebäude und in bereits bestehende kann nachträglich eine Vorrichtung eingebracht werden, die die Ionisation der Luft in den Häusern elektrisch negativ ausrichtet. Dazu dienen Ionisationsgeräte. Eine Anreicherung mit Frischluft, notfalls mit Sauerstoff und zusätzlich mit natürlichen Duftstoffen aus dem Wald würde eine deutliche Aufenthaltserleichterung mit sich bringen.
Das sind keine Mehrausgaben, sondern wertvolle Investitionen für die Zukunft. Die heute gebräuchlichen Klimaanlagen müssen

dementsprechend erweitert oder umgerüstet werden. Nach Untersuchungen einer englischen Spezialfirma, die bereits in diesem Sektor arbeitet, sind die meisten Klimaanlagen regelrechte Brutstätten für schädliche Mikroorganismen aller Art. Sie halten die Gebäude nicht sauber, sondern sie verseuchen alle Angestellten mit infizierter Luft. Die bekannten Massenepidemien von Grippe, Schnupfen und Husten in den Wintermonaten werden durch diese Anlagen mit verursacht. Die modernen Epidemien haben fast alle mit unserer Atmung zu tun.
Die soeben genannten negativen Faktoren können ausreichen, um eine Firma in den Bankrott zu treiben, ohne daß einer der Verantwortlichen begreift, was eigentlich los ist. Man redet dann von "erhöhtem Krankenstand, Mangel an Motivation, unbefriedigenden Fehlzeiten, gereiztem Betriebsklima, häufigem Personalwechsel" usw. Die Hintergründe werden kaum jemals aufgedeckt. Unsere Lunge ist deshalb von so großer Bedeutung, weil Sie die größte Oberfläche hat von allen Organen in unserem Körper. Die aktive Oberfläche aller Lungenbläschen bildet eine Fläche von der Größe eines Fußballfeldes! Sie ist unser größtes Kontaktorgan zur Umwelt. Im Unterschied dazu hat unsere Haut nur ca. 2 qm Oberfläche. Aus diesem Grund reagieren wir auf negative Umweltverhältnisse mit vielfältigen Allergien im Atmungsbereich. Soziale Störungen belasten oft die Atmungsorgane. Natürlich gibt es viele andere Faktoren, doch diese Erkenntnisse eines "angewandten holistischen Weltbildes" können verblüffende Ergebnisse bringen, wenn man sie beachtet und nutzt.
Ignoranz, Dummheit und Besserwisserei sind hervorstechende menschliche Eigenschaften, die uns das Leben schwer machen. Frühere Generationen, andere Kulturen und vor allem die vielen "primitiven" Gesellschaften haben sich stets in einem großen Zusammenhang gefühlt. Sie spürten Gott in sich, die Allmacht des Universums, den großen Geist. In dem Maße wie wir aus den Höhlen in Betonburgen umgezogen sind, haben wir den Bezug zu einer normalen Welt verloren. Unsere Instinkte verkümmern, die Nahrung wird minderwertiger, das Prana fehlt, die sinnlichen Anreize wie z.B. frische Natur, Lebewesen, Mitgeschöpfe, Naturereignisse, Wetter und Frischluft werden uns entzogen.

Der Bezug zu den natürlichen Kräften kann wieder verbessert werden, wenn wir lernen, die natürlichen Prozesse unseres Lebens zu beobachten. Es geht darum, unsere normalen Lebensaktivitäten mit Bewußtsein zu durchdringen! Wir können lernen, ganz bewußt zu atmen. Wir können uns selbst aufmerksamer beobachten. Wenn es uns gut geht, sollten wir es bewußt annehmen und uns darüber freuen.
Bereits ein einziger, ganz bewußter, tiefer Atemzug kann uns neue Kraft geben. Er gibt uns die notwendige Lebensfreude und Energie, die wir brauchen. Atmung ist unumgänglich. Sie ist Not-wendig, d.h. sie wendet Not ab! **Atmung ist Leben!**

1. Übung: Zeit messen

Wie wichtig unsere Atmung ist, können Sie leicht feststellen. Nehmen Sie eine Uhr mit einem Sekundenzeiger zur Hand. Messen Sie einmal, wie lange Sie einen Atemzug ausdehnen können. Stoppen Sie die Zeit! Atmen Sie langsam und gleichmäßig ein und wieder aus. Das ist ein voller Atemzug. Wie viele Sekunden waren es bei Ihnen? Ein guter Mittelwert für einen untrainierten Menschen liegt bei 20 Sekunden. Mit dem Training in diesem Buch können Sie lernen, diese Zeit auf 100 Sekunden zu steigern oder sogar bis auf zwei Minuten. Da erreichen wir bereits die Grenzen unserer Atemkapazität! Hochtrainierte Yogis schaffen zweieinhalb bis fünf Minuten. Manche Schwamm- oder Perlentaucher sollen angeblich sogar 10 Minuten schaffen, ohne zu ersticken. Ich weiß nicht ob diese Werte stimmen.
Fest steht, daß ein normaler Mensch bereits nach ca. zweieinhalb Minuten Atemstillstand bewußtlos wird. Wenn unser Gehirn für mehr als 30 Sekunden keinen Sauerstoff mehr bekommt, treten bereits die ersten Schäden auf! Das ist so zu verstehen: Nach spätestens zwei Minuten bleibt einem untrainierten Menschen endgültig die Luft weg. Er wird bewußtlos. Dreißig Sekunden später

beginnt das Gehirn auszusetzen. Nach 5 Minuten ist eine Widerbelebung kaum noch erfolgreich. 5 Minuten trennen uns bei der Atmung vom endgültigen Tod! Oft sind es nur zwei bis drei Minuten. An diesen Zahlen sehen wir, wie empfindsam unser Körper und unser Bewußtsein ist. Bei den meisten Menschen dauert heute ein Atemzug nur 8 oder 10 Sekunden, oft sind es nur 3.
Wiederholen Sie bitte die Übung mit etwas mehr Konzentration. Atmen Sie ganz tief aus, stoppen Sie die Zeit, atmen Sie ganz langsam und systhematisch ein, dann halten Sie die Luft an, so lange wie es geht, danach möglichst langsam ausatmen. Wieviele Sekunden sind es jetzt? Ein gutes Ergebnis für diese Übung sind 40 Sekunden. Sollten es 60 Sekunden oder mehr sein, liegen Sie eindeutig über der Mehrheit der Bevölkerung, und vermutlich treiben Sie Sport.
Erkennen Sie jetzt, wie bedeutsam unsere Atmung ist, wie nötig wir die Luft zum Leben brauchen?! Mit den Übungen in diesem Buch können Sie die Zeit nach und nach ausdehnen bis auf 100 Sekunden oder mehr. Dementsprechend werden Sie mehr Energie, mehr Ausdauer und mehr Geduld zur Verfügung haben, um Ihre Gesundheit zu bewahren und Ihre Ziele zu realisieren. Nicht um sonst sagen wir: "Dem geht aber schnell die Puste aus!" oder "Ihm bleibt die Luft weg", oder "Er hat den längeren Atem".

Die Bedeutung des Atems aus ganzheitlicher Sicht

Jedes Lebewesen atmet auf irgendeine Weise. Bei der Atmung handelt es sich rein biologisch gesehen um die Zufuhr von Gas. Wir können unsere Atemluft oder den Sauerstoff darin nicht beliebig speichern. Das Volumen unserer Lungen ist sehr begrenzt. Der Inhalt muß schnell ausgetauscht werden. Unsere Lungen haben sich entwickelt, als es noch überall auf der Erde frische und gesunde Atemluft gab. Es bestand keine Notwendigkeit, Luft im Körper zu speichern. Bei den großen Meeressäugern ist das anders. Manche Wale können so viel Luftvorrat speichern, daß sie eine halbe Stunde unter Wasser bleiben können. Der Luftraum in unserer Lunge reicht gerade für maximal 3 Minuten! In der heutigen Zeit mit ihren smogverseuchten Städten würde man sich manchmal wünschen, eine Wallunge zu besitzen. Dann könnten wir aus der City bis in die Vororte kommen ohne durchatmen zu müssen. Menschen und Tiere nehmen vor allem Sauerstoff auf, um zu atmen. Mit Hilfe des Sauerstoffs geschehen in unserem Körper Verbrennungsprozesse (Oxidation). Dabei wird die Energie freigesetzt, die wir zum Leben brauchen. Wir atmen Kohlendioxid aus. Das sind unsere "Verbrennungsrückstände". Genau dazu passen unsere Lebensgefährten hier auf Erden, die Pflanzen. Sie atmen unsere Abgase ein. Dafür setzen Sie bei ihren Verbrennungsprozessen Sauerstoff frei. Wir atmen wiederum ihre Abgase ein! Auf diese Weise greifen die Lebensprozesse von Tieren und Pflanzen eng ineinander. Wir sind auf einander angewiesen. Es geht allerdings auch anders. Vor allem viele Kleinstlebewesen sind Atemspezialisten und an extreme Umweltbedingungen angepaßt. Viele Bakterien atmen z.B. giftige Schwefelgase ein, die im Faulschlamm bei der Verwesung von anderen Lebewesen entstehen. Wenn Tiere und Pflanzen unter Luftabschluß verwesen, setzen sie übel stinkende Abgase frei. Die schwefelhaltigen Giftgase werden von diesen Bakterien verarbeitet. Wenn wir ein bißchen mehr darüber nachdenken, erkennen wir interessante Zusammenhänge. Wir Menschen sind Säugetiere. Wir brauchen einen gewissen Raum, um zu leben. Früher hat sich der Raum, in dem wir leben können, daraus ergeben, wieviel Nahrung unsere wilden Vorfahren finden konnten. Ein kleiner Stamm von vielleicht tausend Menschen gliederte sich auf in Sippen von einigen dutzend Menschen. Sie wanderten umher oder wohnten in einem Gebiet, daß sie im Verlauf eines Jahres mehrfach durchstreiften. Ihre Nahrungspflanzen und -tiere hatten Zeit, nachzuwachsen. Es gab sehr wenige Menschen auf sehr viel Gelände. Und dieses Gelände war reich an natürlichen Resourcen. Es gab für alle Menschen frische Luft und frisches Wasser, unbegrenzt.

Heute leben auf dem Boden der BRD dreimal mehr Menschen als vor 1000 Jahren in ganz Europa. Unsere Städte sind Menschenansammlungen, die allein gar nicht überleben könnten. In der Wohn-

konzentration der menschlichen Städte ist kein Platz für den Anbau von Nahrungsmitteln oder für die Jagd. Als Folge der hohen Menschenkonzentration wächst die Abfallproduktion. Unter ganzheitlichen Gesichtspunkten besteht kein Unterschied zwischen den Abgasen unserer Autos oder Fabriken und den Abgasen, die bei der Verbrennung in unserem Körper entstehen. Die technischen Errungenschaften sind aktive Lebensprozesse, die die Menschen dem Leben selbst abgeschaut haben.
Wir haben die Verbrennungsprozesse in der Natur studiert. Wir haben gelernt, vom Waldbrand, der durch einen Blitz erzeugt wurde. Wir lernten immer präziser mit Feuer umzugehen. Heute fahren wir Autos mit Verbrennungsmotoren. Die Abgase unserer Motoren und unserer Industrie enthalten wiederum Schwefel und Kohlendioxid. Die Art und Weise wie unsere moderne Technologie funktioniert, ist also sehr primitiv. Es sind letzten Endes Fäulnisprozesse. Natürlich kann man daraus Energie gewinnen. Die Schwefelbakterien leben sehr gut davon. Aber ihre Welt ist sehr begrenzt, sehr primitiv und sie stinkt.
Wenn unsere Umwelt stinkend und steril ist, weil alles frische Leben daraus verdrängt wurde, dann verkrampft sich unser Bauch. Wir atmen möglichst flach, nur bis in die Brust. Die Brustatmung ist anstrengend, weil wir die Muskeln bewußt ausdehnen müssen. Die Bauchatmung ist viel natürlicher und bequemer. Aus diesem Grund müssen wir wieder lernen, richtig in den Bauch hinein zu atmen. Das führt automatisch dazu, daß unsere Ängste überwunden werden. Wir bekommen neuen Lebensmut, einfach durch die Umstellung unserer Atmung.
Wenn wir gezwungen sind, unsere Luft anzuhalten, weil die Umgebung stinkt, dann ist diese Umwelt nicht mehr in Ordnung. Die Aussage "Es stinkt!" bedeutet: "Begebe Dich fort von hier an einen anderen Ort, der gesündere Luft bietet!" Dieser Botschaft gehorchen Millionen von Deutschen jedes Jahr, so schnell und so lange sie können. Sie fahren jede freie Minute nach Mallorca, auf die Kanarischen Inseln oder bis nach Hawai.
Ist die Erde zu eng geworden? Sie ist eigentlich nicht zu eng. Bisher jedenfalls noch nicht. Was sich bisher als viel zu begrenzt erweist, ist das menschliche Bewußtsein. Solange unsere Wissen-

schaftler und Ingenieure nur stinkende Verwesungsprozesse nachahmen und dabei neue Giftgase produzieren, befinden wir uns auf einer äußerst primitiven Existenzebene. Dann müssen wir jedoch damit rechnen, daß wir ebenso wegrationalisiert werden wie die Tiere der Urzeit, aus deren Leichen wir jetzt das Erdöl gewinnen. Wir graben die Fäulnisherde der Urzeit aus und verbrennen den Müll unserer Vorfahren. Dabei werden ungeheure Mengen an Giftgasen freigesetzt. Die Atemluft in den menschlichen Ballungsgebieten ist so verschmutzt, daß man an manchen Orten schon Gasmasken braucht.

Aus den Erholungsorten im Schwarzwald kann man hören, daß Industriemenschen manchmal mit einem Sauerstoffschock zusammenbrechen und ärztlich versorgt werden müssen, weil sie die frische Luft nicht mehr gewohnt sind!
Zusammenfassend können wir festhalten, daß unsere gegenwärtige Umweltkrise darauf beruht, daß die Menschen äußerst primitive Verfahren der Energiegewinnung nachahmen, die die Natur in der ganz frühen Erdgeschichte angewandt hat. Wenn wir die Bedeutung von Atmung und Konzentration ernst nehmen, wenn wir lernen, die großen Zusammenhänge realistisch einzuschätzen, dann müssen wir uns eindeutig für neue, höher entwickelte Energieformen einsetzen. Augenscheinlich klammern sich die Dinosaurier der Industrie an ihre Fäkalien und verpesten mit den Verbrennungsprozessen die Umwelt.
Es ist höchste Zeit, daß wir uns für die grundlegenden Energieformen unserer Umwelt entscheiden, die niemals enden werden, solange menschliches Leben auf Erden möglich ist: Sonne, Wind, Wasser, Erdwärme, Magnetismus und Gravitation. Um diese elementaren Kräfte der Natur zu nutzen, braucht es einen reinen Geist. Wir brauchen ein klares Bewußtsein, mehr nicht. Wer primitive, tierische oder bakterielle Fäulnisprozesse nachahmt, befindet sich auf der Entwicklungsstufe dieser Tiere und Bakterien.
Die Krise der Umwelt und der gesellschaftlichen Entwicklung ist eine Krise des Bewußtseins. Wir können sie nur überwinden, wenn wir unser Bewußtsein erweitern. Die Nutzung der reinen Sonnenenergie ist einem Saurier nicht möglich. Er kann sich nur vollfressen und stirbt, wenn er alles kahl gefressen hat.

Lernen wir, Alles in Allem zu sehen. Das ist der Weg, um mit dem notwendigen Verständnis die Krise zu analysieren und den Weg zu ebnen für die sauberen Energieformen, die unser Leben wieder lebenswert machen.
Wenn wir ein echtes Verständnis für diese grundlegenden Zusammenhänge in der Natur entwickeln wollen, sollten wir am Besten bei uns selbst anfangen. Ein Mensch, der mit Pestiziden belastet ist, sich falsch ernährt und nicht zur Ruhe kommt, kann keinen klaren Gedanken fassen. Wir müssen auf unsere Nahrung achten, ausreichend frisches Wasser trinken, zur Ruhe kommen und bewußt atmen. Das sind die ersten Schritte, um unser Leben erfolgreicher und befriedigender zu gestalten.
Bevor wir dieses Kapitel abschließen, wollen wir noch einen Blick auf die Ernährung werfen, auf essen und trinken. Im Extremfall kann ein Mensch bis zu 6 Wochen ohne Nahrung auskommen, also 40 Tage. Ein gesunder Mensch hat genügend Nährstoffreserven in seinem Körper. Die meisten werden natürlich viel eher sterben. Das liegt jedoch nicht an einem Mangel an Stoffen. Ohne Nahrungsmittel würden wir die erste Woche nur überleben, wenn wir ausreichend Wasser zur Verfügung haben. Der frühzeitige Hungertod ist eine Vergiftung! Wenn ein Mensch nichts mehr zu essen bekommt, z.B. nach einem Schiffsunglück auf einer einsamen Insel oder in der Wüste, dann produziert unser Körper trotzdem noch die gewohnten Verdauungssäfte. Diese Verdauungssäfte, z.B. die Galle oder die Magensäure, werden weiterhin produziert. Ist keine Nahrung im Magen und im Darm vorhanden, dann beginnen unsere eigenen Verdauungssäfte die Eingeweide anzugreifen. Wir zersetzen uns selbst. Sie dringen durch die Darmwand ins Blut und innerhalb von maximal 7 Tagen tritt der Durst-Tod in Folge von Vergiftung und Austrocknung ein. Haben wir jedoch genug Wasser zur Verfügung, dann reinigen wir uns von diesen Stoffen. Die Nieren können ihre normale Arbeit fortführen und das Blut reinigen. So kann man einige Wochen überstehen.
Aus dieser Übersicht erkennen wir wieder die große Bedeutung der Atmung. Ohne Essen überleben wir maximal 40 Tage, ohne

Überlebenschance:

Ohne Nahrung maximal 40 Tage
Ohne Wasser maximal 7 Tage
Ohne Luft maximal 3 Minuten

Wasser maximal 7 Tage und ohne Sauerstoff maximal 5 Minuten, eigentlich nur 3 Minuten! Wenn wir diese großen Unterschiede betrachten, besteht kein Zweifel mehr an der überragenden Bedeutung der Atmung. Das sollte Grund genug sein, um die Atemvorgänge zu beobachten und bei Bedarf sinnvoll zu beeinflussen. Der moderne "Industriemensch" hat sehr viel von seinen natürlichen Anlagen und Fähigkeiten verloren. Wir tauschen unsere natürlichen Sinne und Instinkte gegen Luxus und eine vergiftete Umwelt ein. Wir verlieren unseren Sinn für die Gesundheit, für die richtige Ernährung, für ausreichend Wasser in unserem Körper oder für die richtige Atmung.

Einem Naturmenschen wird man kaum etwas über seine eigene Atmung beibringen müssen. Er weiß es instinktiv. Nachdem wir uns so weit von den natürlichen Bedingungen entfernt haben, tut es gut, die näheren Umstände zu untersuchen. Es ist eine zwiespältige Angelegenheit. Auf der einen Seite die Instinkte, auf der anderen Seite der Verstand. Heute ist beides für uns wichtig. Früher hatten wir fast keinen Verstand, nur Instinkte und Emotionen. Instinkte und Emotionen sagen uns mit großer Sicherheit, ob eine Nahrung für uns geeignet ist oder nicht. Es gibt keine Zweifel über die Giftigkeit einer Pflanze oder den Genußwert. Der "Wilde" weiß es! Einem Aboriginé braucht kein Naturwissenschaftler oder Mediziner einen Vortrag zu halten, eher wäre es umgekehrt sinnvoll. Allerdings gab und gibt es Dinge, die wir mit dem Instinkt allein nicht überwinden und regeln können. Der Drang des Menschen, die Naturprozesse zu begreifen, zu verstehen, hat ihn dazu befähigt, neue und fremde Aufgaben zu lösen.

Die Naturverhältnisse hier bei uns in Europa, in der Heimat der weißen Rasse, waren viel härter und unerfreulicher als in Australien oder Afrika. Während dort die Eingeborenen zumindest immer Wärme und Nahrung hatten, überlebten viele unserer Vorfahren nicht einmal den Winter. Die Verhältnisse in den europäischen Wäldern waren so unwirtlich, daß die Römer das kalte Grausen überkam. Aus dieser Not heraus mußten unsere Vorfahren eine Technologie entwickeln. Für sie war Technik viel wichtiger als für die Bewohner warmer, reicher Länder. Hierin sehe ich die Ursache für unseren "Technologie-Fanatismus".

Die alten Kulturvölker des vorderen Orients oder Chinas waren uns technologisch einst weit voraus. Aber sie haben sich nie mit diesem Elan in die Entwicklung der Technik gestürzt wie die Europäer. Technik bedeutet in diesem Sinn, daß wir Apparate und Geräte außerhalb von uns selbst herstellen. Es handelt sich dabei nicht nur um einen Faustkeil, sondern um unabhängig und automatisch arbeitende Geräte, Maschinen und Fahrzeuge. Die Parallele finden wir in unserem Denken. Während die Naturmenschen und die frühen Kulturvölker noch weitgehend intuitiv und instinktiv Entscheidungen trafen, entscheiden wir heute fast nur noch intellektuell. Das intuitive Denken steht in einer innigen Verbindung mit der Natur, der Jäger fühlt sein Beutetier im Wald! Er fühlt die Gefahr und den Erfolg.

Im Gegensatz dazu kann man eine Maschine kaum fühlen. Man kann nur berechnen, was sie wohl tun wird oder wann sie versagt. Die Verwendung von Technik und Verstand sind also kaum auseinander zu halten. Über der Entfremdung von der Natur haben wir uns auch von unserer Intuition und unseren Instinkten entfernt. Während der Australneger oder der Urwaldindianer seinen Kindern in der Schule alles beibringt, was sie zum Leben brauchen, lernen unsere Kinder tausend Dinge in der Schule, die völlig abstrakt sind. Es ist pure Glücksache, ob sich ein Kind so vom Lehrer motiviert fühlt, daß es Spaß hat, rechnen zu lernen, um später einmal Bilanzen zu schreiben oder technische Geräte zu entwickeln. Der Weg vom 1x1 bis zum gewünschten Erfolg ist so weit, verwinkelt und abstrakt, daß kein Kind die Zusammenhänge begreifen kann. Kein Wunder, daß schon seit vielen Jahren Schüler und Lehrer zunehmend Frust haben und keinen Sinn in der Schule sehen. Während der Indianerjunge völlig klar sieht, daß er sich richtig, bequem und erfolgreich ernähren sollte, um groß und stark zu werden, wissen unsere Kinder nicht einmal mehr, wie eine Kuh aussieht. Sie

haben keine Ahnung, daß der Käse etwas mit dem Kalb und der Vermehrung der Kuh zu tun hat. Selbst wenn sie es später erfahren, ist das eher abstrakt und nicht konkret. Ein einziger Besuch auf einem akzeptablen Bauernhof würde die Lücke ohne jede Mühe schließen. Dieser Anschauungsunterricht sollte jedoch nicht mit 14 erfolgen, sondern mit 6 Jahren oder im Kindergarten. Kinder sind so gerne bereit, Neuigkeiten aufzunehmen, daß wir sie nicht antreiben müssen. Sie tragen noch Instinkte in sich. Alles, was sie fühlen und erleben können, nehmen sie begierig auf.
Nun werden Sie sich vielleicht fragen, was diese lange Vorgeschichte mit den Atemtechniken zu tun hat.
Der Naturmensch braucht sie nicht. Das habe ich schon gesagt. Aber in dem Maße, wie wir uns von der Natur entfernen, entfernen wir uns wahrhaftig auch von einer natürlich Atmung! Wenn wir unter Druck geraten, z.B. mit dem Schulanfang, mit dem Streß der uneinsichtigen Aufgaben und Prüfungen, wenn wir plötzlich nicht mehr laufen dürfen, sondern 6 Stunden still sitzen müssen, dann verkrampfen wir uns total. Wenn unser Elternhaus noch in Ordnung war, wenn man uns nicht bereits daheim die freie Luft zum Atmen verdorben hat, dann wird es die Schule tun. Eiserne Disziplin wie im alten Preußen gibt es zwar nicht mehr. Aber die Prügelstrafe von damals wird durch eine Fülle an Lehrstoff und Theorie ersetzt, die es damals nicht gab. Damals gab es noch einen Schulgarten, in dem die Kinder einen Bezug zur Gärtnerei und zu nützlichen Heilpflanzen mitbekamen.
Alle äußeren Einflüsse, die uns bedrücken, angreifen oder aufregen, führen zu einer Veränderung der Atmung. Unsere Atemweise drückt aus wie wir uns fühlen. Der gezielte Streß, der durch die Schulpflicht verursacht wird, nimmt massiv Einfluß auf unser Leben. Im Kindergarten waren Spiele, Bewegung und praktische Erfahrung noch im Vordergrund. Das Kind konnte sich entfalten und kreativ sein. In der Grundschule werden diese Chancen drastisch eingeschränkt, bis die Jugendlichen schließlich nur noch theoretische Fächer pauken. Der Körper wird eine Stunde pro Woche (!) mit Sport diszipliniert, oft genug ohne Freude. Der Verstand muß täglich 6 Stunden Informationen pauken, deren Bedeutung viele Menschen erst begreifen, wenn sie längst im Beruf sind und die oft

genug niemals gebraucht werden. Ist es da ein Wunder, wenn wir lernen, uns zu verkrampfen? Wir lernen tatsächlich in der Schule viele Umstände kennen, bei denen uns die Luft weg bleibt.
Das Gleiche gilt für problematische Elternhäuser, smogverseuchte Wohngebiete und aggressive Eltern. Die Einseitigkeit der Schulbildung und die Umweltbelastungen sind die maßgeblichen Faktoren für eine schlechte Atmung. Wenn wir erst einmal gelernt haben, uns zu verkrampfen, behalten wir diese Abwehrhaltung bei. In späteren Jahren bekommen wir Atembeschwerden, wenn wir uns bedroht fühlen, um unseren Arbeitsplatz Angst haben, oder wenn wir keine Liebe finden. Die sozialen Bedingungen haben maßgeblichen Einfluß auf unsere Atemweise. Aus der Art, wie ein Mensch atmet, erhalten wir Aufschluß, wie er sich fühlt! Die wichtigsten Unterschiede wollen wir jetzt betrachten.

Die Bedeutung der verschiedenen Atemweisen

Aus der Art und Weise wie ein Lebewesen atmet, können wir Aufschlüsse gewinnen über seine Natur, seine Lebenserwartung und seine Gemütsverfassung. Fangen wir noch einmal bei den Tieren an. Kleine Tiere haben in der Regel einen schnelleren Herzrhythmus und eine schnellere Atemfrequenz als große Tiere. Eine Maus atmet geradezu hecktisch. Ihr kleines Herz schlägt sehr schnell. Sie wird bestenfalls 2-3 Jahre alt. Eine Ratte ist ähnlich gebaut, mehrfach so groß, atmet ruhiger und wird doppelt so alt. Ihr Herz schlägt natürlich ruhiger, als das der Maus.

Der Herzrhythmus, die Atemfrequenz und die Lebenserwartung sind also physiologisch aneinander gekoppelt. Wir können ruhig noch hinzunehmen, daß eine kleine Maus ein recht unruhiges Leben führt. Sie ist relativ schwach und ihre beste Verteidigung ist die Flucht. Sie hat gute Gründe, um ihrer Sicherheit willen schnell-zu sein. Diese schnellen Lebensprozesse verschleißen ihren Kör-

per und das führt zu einem raschen Tod. Wenn ein Mensch sich bedrängt fühlt, z.B. aus Angst um seine Sicherheit und sein Auskommen, dann wird er ebenfalls hecktisch. Er ist in ständiger Unruhe, weiß nicht, wann er vielleicht die Kündigung bekommt oder wann ihm die Frau wegläuft. Er befindet sich im Dauerstreß. Viele Menschen reagieren auf Dauerstreß und soziale Bedrohungen mit Hektik und Aggression.
Es kann sein, daß der Blutdruck steigt. Der Betroffene will sich wichtig machen. Er plustert sich auf, ist ständig erregt. Er steht unter Druck, und er setzt sich innerlich unter Druck, um dem sozialen Streß standzuhalten. Wer auf diese Weise in die Zwickmühle der gesellschaftlichen Probleme gerät, hat tatsächlich eine geringere Lebenserwartung. Medizinische Statistiken haben eindeutig bewiesen, daß hektische Menschen, Menschen in schlechten sozialen Verhältnissen, einsame Menschen und Menschen mit Bluthochdruck eine geringere Lebenserwartung haben, als ruhige und gut versorgte Menschen.
Wenn wir die Zusammenhänge analysieren, sollten wir nicht übersehen, daß wir uns diesen sozialen Streß letztlich selbst verursachen. Wenn wir alle Faktoren weglassen, die uns Streß bereiten, dann bleibt ein ruhiges Leben übrig. Nehmen wir an, ein Mann oder eine Frau hat Angst um den Arbeitsplatz. Warum? Weil er oder sie nichts anderes gelernt hat? Natürlich können wir uns über die schlechte Wirtschaftslage auslassen, über die korrupten Politiker oder über skrupellose Manager. Trotzdem kann es keinen Zweifel daran geben, daß heutzutage sehr viele Menschen gut oder zumindest ausreichend versorgt sind. Die Probleme mit dem Arbeitsplatz können sehr wohl damit zusammenhängen, daß sich dieser Mensch nichts anderes vorstellen kann!
Wir ahmen unsere Eltern nach, versuchen problematische Dinge aus dem Elternhaus zu vermeiden und es besser zu machen. Trotzdem werden wir bis ins Erwachsenenalter hinein stark von den Eltern beeinflußt. Oft wählen wir einen Beruf, den die Eltern gut finden. Wenn uns dieser Beruf nach wenigen Jahren nicht mehr ausfüllt, wird er zur Last. Auch wenn es schwierig erscheint, hat heute jeder Mensch die Chance, sich zu informieren und etwas dazuzulernen. Diese Chance müssen wir ergreifen, wenn wir

unser Leben positiv gestalten wollen. Die erforderliche Selbstbesinnung können Sie mit den Atemübungen erreichen, die in diesem Buch geschildert werden.

Kommen wir noch einmal auf den Zusammenhang zwischen Lebensrhythmus und Lebenserwartung zurück.

Eine kleine afrikanische Klappschildkröte ist nur doppelt so groß wie eine Maus, aber sie atmet angepaßt an die natürlichen Verhältnisse tagsüber ruhig und aktiv, nachts wesentlich langsamer. Natürlich ist sie ein Kaltblüter. Sie nutzt die Wärme der Sonne. Es ist aber interessant, daß sie augenscheinlich wesentlich "verschleißärmer" funktioniert. Sie wird nämlich bis zu 25 Jahre alt. Sie übertrifft die etwas kleinere Maus ebenso wie die größere Ratte!

Wenn es uns gelingt, unseren Gemütszustand abzukühlen, dann weicht der Streß, den wir so oft empfinden in unserer hektischen Zeit. Die Maus muß ständig im Streß sein, damit sie bereit ist zur Flucht. Vielleicht muß sie so hektisch sein, weil sie nur 2 Jahre lebt und in dieser kurzen Zeit viel zu tun hat! Die Schildkröte teilt sich ihre Energie und die Zeit gut ein und lebt 12 mal so lange.

Wir können von den Tieren lernen und dann werden wir uns und die Natur besser verstehen. Die indischen Yogis und viele andere, intuitiv-bewußte Menschen haben es getan. Nach einigen Jahren des Kundalini Yoga fragte ich mich, warum denn diese Methoden so wirkungsvoll sind. Ich erkannte die Zusammenhänge, die ich hier beschreibe. Es gab mir noch mehr Gewißheit, daß die Methoden der asiatischen Meister auch für uns einen großen Wert haben. Die Atemtechniken des Energytrainings, die ich aus Übungen des Kundalini Yoga abgeleitet habe, sind hervorragend geeignet, um unser Leben in Ordnung zu bringen. Wenn ein Mensch den Platz im Leben gefunden hat, der ihn ausfüllt, der ihm Freude bereitet und auf dem sein Auskommen sicher gestellt ist, dann wird er ganz von allein ruhiger leben, ruhiger atmen und Zufriedenheit ausstrahlen. Wenn er natürlich wie die kleine Maus hektisch ums Überleben kämpft, dann wird ihn der Streß früher als nötig zugrunde richten.

Wir können noch mehr von den Tieren lernen. Die Größe eines Tieres spielt bei diesen Vergleichen eine Rolle. Große Tiere sind in der Regel ruhiger als die kleinen, und sie leben auch länger. Ein

Elefant erreicht zum Beispiel das Alter des Menschen, je nach Pflege und Ernährung kann er über siebzig Jahre alt werden. Er atmet ähnlich wie ein gesunder Mensch tief und ruhig. Sein Herz schlägt ruhig und gleichmäßig, mit einer ähnlichen Frequenz wie das unsrige. Angst und Gefahren in der Steppe können sein Leben ebenso verkürzen wie eine schlechte Ernährung oder zu wenig Bewegung im Zoo. Unruhe, Angst und Streß halten uns genau wie einen Elefanten oder ein anderes Tier in einer erhöhten Alarmbereitschaft.
Wir müssen uns verteidigen, acht geben und vielleicht fliehen. Bei Angst und Streß wird unser Atem so hektisch wie unsere Gemütslage. Wenn die Angst umschlägt in Aggression, wird unser Atem schwerer und tiefer. Dadurch mobilisieren wir mehr Energie für den Kampf, der nun gleich folgen soll. In einem Kampf reagieren wir Angst, Frustration und Aggression ab. Die Schmerzen, die wir dabei erleiden, aktivieren unsere Kräfte noch mehr. Eine echte Auseinandersetzung ist durchaus normaler Bestandteil des menschlichen Sozialverhaltens.
Nach dem Kampf weicht die Spannung. Selbst wenn wir den Kampf verlieren sollten, kann die Streßabfuhr einer körperlichen Auseinandersetzung eine Erleichterung darstellen, im Unterschied zu einem permanenten, subtilen Streß. Während des Kampfes geht der Atem sehr intensiv, genauso wie bei einer sportlichen Hochleistung. Danach kommen wir zur Ruhe und erholen uns. Wir fallen in den Schlaf. Der Körper regeneriert sich.
In der modernen Gesellschaft ist eine tätliche Auseinandersetzung nicht mehr üblich, von Ausnahmefällen abgesehen. Wir fressen den Ärger in uns hinein. Die Angst vor dem Chef kann nicht abreagiert werden. Alles geht sehr gesittet zu. Alle sind gesittet frustriert und gesittet gestreßt. Wer Sport treibt, kann seine Spannungen dort abreagieren. Aus diesem Grund ist Sport so beliebt. Sportarten sind entfremdete Bewegungsspiele aus dem Altag der Naturmenschen, die auf die Jagd gingen, weil sie überleben mußten. Wenn unser Alltag schon überwiegend stressig und nervös verläuft, dann sollten wir doch wenigstens in der Nacht zur Ruhe kommen. Schön wäre es, aber mehr als die Hälfte der Deutschen leidet unter Schlafstörungen. Wenn wir mit unseren alltäglichen

Problemen nicht fertig werden, dann versuchen wir im Traum, in unserem Unterbewußtsein, eine Lösung zu finden. Wir bezeichnen das als Traumarbeit. Normalerweise ist das ein guter Weg, den uns die Natur da gegeben hat.
Während unser Alltag überwiegend vom Verstand kontrolliert wird, wirkt in unseren Träumen nur noch die Intuition. Wenn es uns nicht gelingt, zu einer Problemlösung zu kommen, dann geht der innere Kampf weiter. Wir tragen dann in unseren Träumen Kämpfe aus, um die äußeren, gesellschaftlichen Probleme zu lösen. Das kann schließlich zu schweren Schlafstörungen führen, die auf die Dauer gesehen unsere seelische Stabilität untergraben.
Wenn es uns nicht gelingt, eine gesunde Traumarbeit zu leisten, kommt auch die Regeneration zu kurz. Die echte Regeneration erfolgt immer dann, wenn unser Körper sich in der Ruhe befindet, die Augen geschlossen sind und unser Gehirn Theta- oder Deltawellen aussendet. Unser Atem ist ganz ruhig. Die Atemfrequenz liegt dann bei weniger als 8 Atemzügen pro Minute (theta-Wellen) oder unter 4 Atemzügen pro Minute (delta-Wellen). Jetzt befinden wir uns im tiefsten Schlaf. Die Hirnanhangsdrüsen sind voll aktiv und produzieren Hormone, die unseren Körper intensiv regenerieren.
Wenn ein Mensch seine alltägliche Unruhe mit in den Schlaf hinüber schleppt, seinen gepreßten, hektischen und flachen Atem beibehält und zusätzlich einen hohen Blutdruck hat, dann kommt sein Gehirn nicht zur Ruhe. Die Augen sind unruhig, sein Gehirn bleibt auf Alphaniveau (das ist die Einschlafschwelle). Seine Hirnaktivitäten sinken nicht bis in den Tiefschlafbereich hinein. Er träumt nicht richtig. Seine Hirnanhangsdrüsen arbeiten fast genauso weiter wie am Tag. Morgends erwacht er mit einem schweren Kopf. Er fühlt sich wie zerschlagen. Von Erholung im Schlaf keine Spur. Sein Atem geht schwer. Er ist morgens müde. Und nun soll er zur Arbeit gehen und vielleicht eine große, zuverlässige Leistung erbringen. Nach einigen Jahren wird er fertig sein, fix und fertig. Das ist der sicherste Weg, nicht sehr alt zu werden. Wenn ein Mensch sein Leben auf eine so unbefriedigende Weise regelt, dann ist es wohl besser, wenn die Qual nicht zu lange dauert.
Wir brauchen einen tiefen, ruhigen und erholsamen Schlaf. Das ist

ein wichtiger Bestandteil unseres Lebens. Ein markantes Kennzeichen des Tiefstschlafes ist die Atemfrequenz von ca. 4 Atemzügen pro Minute! Ich habe seinerzeit von meinem Yogameister gelernt, daß wir nur dann richtig meditieren können, wenn unsere Atemfrequenz zwischen 4 und 8 Atemzügen pro Minute liegt.
Er hat nie mehr geredet als notwendig. Erklärt hat er uns nur das, was sein mußte. Sein Unterrichtsstil war eher "Mache es selbst und sammle Erfahrungen!"
Erst nach einigen Jahren begann ich die Methoden zu hinterfragen. Ich machte mir Gedanken über die biologischen Zusammenhänge. Schließlich hatte ich das einmal studiert. Als Biotechniker ist es mir möglich, die Zusammenhänge zwischen Mentaltraining und den körperlichen Prozessen zu erforschen. Wenn es uns gelingt, derartige Verbindungen zu knüpfen, dann gewinnen wir an Sicherheit für unser tägliches Leben. Meine persönlichen Erfahrungen aus dem Kundalini Yoga waren so gut, daß ich nicht erst zu überlegen brauchte. Kundalini Yoga funktioniert hervorragend, wenn man ernsthaft bei der Sache ist. Aus der westlichen Medizin wußte ich einiges über die Hirnfrequenzen des Menschen. Dieses Wissen kam mir bei meinen Untersuchungen zu gute.
Ich möchte kurz das Wichtigste davon zusammenfassen. Bei den Hirnfrequenzen handelt es sich um charakteristische elektromagnetische Wellen, die von unserer Gehirntätigkeit ausgehen. Sie können von einem Elektro-Encephalographen (EEG) aufgezeichnet werden. Ein Fachmann kann sie deuten und gewinnt Aufschluß darüber, ob ein Mensch bezüglich seiner Gehirnfunktionen normal und gesund oder gestört reagiert. Die Hirnfrequenzen werden in 5 Bereiche aufgeteilt:

1. beta-Niveau: Der Mensch ist hellwach und sein Verstand ist aktiv. Es ist bei vollem Bewußtsein. Das gilt jedoch nur für Jugendliche ab etwa 12 Jahren und für Erwachsene. In diesem Zustand können wir schnell reagieren und schnell reden. Die normale Atemfrequenz in diesem Zustand beträgt 8-12 Atemzüge pro Minute. Wer noch schneller und flacher atmet, ist gestreßt oder krank.

2. Einschlafspindeln: Das sind charakteristische Wellen des Gehirns, die auftreten, wenn ein Mensch einzuschlafen beginnt. Gestreßte Zivilisationsmenschen schlafen beim "abtauchen" auf alpha-Niveau bereits ein.

3. alpha-Niveau: Das ist ein ruhiger, kreativer Zustand. Gestreßte Menschen schlafen auf alpha-Niveau bereits. Ruhigere, philosophisch oder meditativ veranlagte Menschen sind auf alpha-Niveau noch munter. In diesem Bereich tritt der Verstand zurück und unsere Intuition beginnt zu wirken. Kinder im Alter von etwa 8 bis 12 Jahren, bis zum Beginn der Pubertät, sind fast ständig auf alpha-Niveau und trotzdem hellwach. Es ist ein Zustand, in dem wir sehr aufnahmefähig sind und gut lernen. Verstand und Intuition können sehr wohl gleichzeitig aktiv sein. Erst durch zu viel Streß verstummt der Verstand in diesem Zustand, und der Mensch schläft ein.

4. theta-Niveau: Ein kreativer Zustand. Für erwachsene Menschen der normale Schlaf, in dem wir aktiv träumen. Hier findet der sogenannte REM-Schlaf statt (d.h. **R**apid **E**ye **M**ovement). Erwachsene ohne spezielles Training schlafen in diesem Zustand fest, können jedoch ohne große Schwierigkeiten geweckt werden. Es ist die Phase der kreativen "Traumarbeit". Wir verarbeiten in diesem Zustand unsere alltäglichen Erlebnisse und suchen nach Lösungen für unsere Probleme. Die Psychologen sagen, daß wir in diesem Zustand "auf Probe handeln". Wir können unsere geheimen Ängste und Sehnsüchte ausleben, ohne daß sofort ein äußerer Schaden entsteht. Viele Menschen sind in diesem Zustand sexuell aktiv, gehen im Traum fremd und erfüllen sich die Wünsche, die im Alltag nicht befriedigt werden.
In diesem Zustand arbeitet die Epiphyse verstärkt. Sie ist die hintere Hirnanhangsdrüse und produziert Hormone, die unsere Phantasie aktivieren. Es sind körpereigene psychotrope Drogen. Die Yogis sprechen in diesem Zusammenhang von der Funktion des **dritten Auges** (Übung 7). Von besonderem Interesse ist es, daß Kleinkinder ab etwa 2 Jahren bis zum Alter von ca. 8 Jahren überwiegend auf theta-Niveau denken und trotzdem hellwach sind. Sie

sind in diesem Alter zwischen 2 und 8 Jahren besonders phantasievoll, kreativ und gestalten die Wahrnehmung der Außenwelt nach ihren visionären Impressionen. Die übrige Zeit des Tages und der Nacht denken sie auf delta-Niveau. Erwachsene können diesen Wachzustand nur erreichen, wenn sie über längere Zeit systematisch meditieren und z.B. Kundalini Yoga praktizieren. Auch das echte Kung Fu oder Tai chi sind Techniken, die die bewußte Aktivität auf theta-Niveau für Erwachsene wieder herbeiführen. Wir lernen mit diesen Trainingsmethoden, unsere inneren, kreativen Fähigkeiten zu reaktivieren. Die normale Atemfrequenz liegt bei Theta-Bewußtsein zwischen 4 und 8 Atemzügen pro Minute, ganz gleich, ob ein Mensch dabei schläft oder wach zu bleiben glernt hat. Das entspricht der Empfehlung, die ich seinerzeit von meinem Kundalini Yoga Meister bekam.
Aus der Medizin wissen wir, daß unsere Immunreaktionen besonders gut funktionieren, wenn unser Gehirn auf theta-Niveau sendet. Daran erkennen wir die Bedeutung des Sprichwortes "Er schläft sich gesund". Auch Menschen, die nach einem Unfall tagelang im Koma liegen, haben durchaus die Chance, in diesem Zustand ihre inneren Funktionen wieder in den Griff zu bekommen. Manchmal werden Schwerverletzte sogar von Ärzten in ein künstliches Koma versetzt, obwohl die Ärzte von diesen Zusammenhängen kaum etwas wissen. Man weiß zumindest, daß ein tiefschlaf- ähnlicher Zustand die Heilung fördern kann.
Da die Atemtechniken und die Programme des **Energytrainings** ganz gezielt darauf hinwirken, daß die theta-Funktion dauerhaft herbeigeführt wird, ist die Bedeutung meiner Methoden für die Gesundheit des Menschen offensichtlich. Der normale Mensch sollte täglich etwa 4 Stunden theta-Schlaf finden, mindestens jedoch 2, um seine innere Traumarbeit leisten zu können.

5. delta-Niveau: Für einen Erwachsenen ist delta-Niveau der absolute Tiefst-Schlaf. Jetzt schlafen die normalen Menschen so fest, daß wir sie wegtragen könnten, ohne daß sie aufwachen. Es ist die Phase der vollkommenen Regeneration und zugleich die Phase tiefster, innerer Verarbeitung. Hier auf diesem Niveau stehen wir mit dem Urgrund allen Seins in inniger Verbindung. Jetzt

sind beide Hirnanhangsdrüsen, die Epiphyse und die Hypophyse, voll aktiv. Es werden die erforderlichen Hormone ausgeschickt, um den gesamten Körper zu regenerieren. Der Verstand ist abgeschaltet und kann nicht mehr dazwischen diskutieren. Die Instinktebene ist voll aktiviert und repariert die Zellstrukturen unseres Körpers. Die Reinigung des Körpers läuft auf Hochtouren. Aus diesem Grund sollten wir vor dem Schlaf ein Glas Wasser trinken, damit der Körper genug Reinigungsflüssigkeit zur Verfügung hat. Ein zusätzliches Glas Wasser auf dem Nachttisch kann drückende Gefühle im Kopf während der Nacht schnell vertreiben. Das ist oft nur ein Zeichen von Wassermangel.
Bemerkenswerter Weise sind Babies bis zum Alter von ca. 2 Jahren Tag und Nacht auf dem delta-Niveau wach und aktiv. Sie konstruieren in diesem Zustand ihren Körper. Sie nehmen ständig

Übersicht: Hirnfrequenzen

beta-Niveau: Wachbewußtsein, der Verstand ist aktiv, die Intuition gedämft, tritt nur bei Jugendlichen und Erwachsenen ab der Pubertät auf, zunehmend länger im Tagesverlauf, 4-16 Stunden

alpha-Niveau: Entspannt und kreativ, intuitiv, der Verstand ist gedämpft, bei Kindern zwischen 6-8 Jahren nur kurzfristig im Tagesverlauf, bei Jugendlichen häufig, mit dem Alter zunehmend weniger im Tagesverlauf, bei alten Menschen taucht es wieder auf, ebenso bei Künstlern, wenn sie kreativ schaffen.

theta-Niveau: aktiver REM-Schlaf, Traumarbeit, intuitive Lösungssuche, bei Kindern von 2-6 Jahren hauptsächlicher Zustand, dann langsam abnehmend bis in die Pubertät hinein. Ab der Pubertät tagsüber kaum noch vorhanden. Bei Anwendung von Energytraining, Kundalini Yoga und Zen taucht es wieder bei wachem Bewußtsein auf.

delta-Niveau: Tiefstschlaf, meistens unbewußte, märchenhafte Traumsymbolik. Bei Babies im Mutterleib bis zum Alter von ca. 2 Jahren Tag und Nacht als Normalzustand, dann seltener werdend, bis es mit 6-8 Jahren völlig aus dem Alltag verschwindet. Bei Yogis und anderen Meditierenden kann es bei wachem Bewußtsein wieder auftauchen.

Nahrung auf und bilden ihren Körper nach den Impressionen der Umwelt und nach ihren eigenen Bedürfnissen.
Hier in dieser Phase sind wir die Schöpfer unseres Körpers und unserer Welt. Durch die intensive Praxis des Kundalini Yoga, Energytraining oder verwandter Methoden können wir lernen, in diesem Ruhezustand trotzdem wach und aktiv zu sein. Dementsprechend wird für uns als Erwachsene die geistige Leistung wieder kreativer. Eigentlich müßte jeder Top-Manager diese Methoden beherrschen, denn wie will er sonst die Übersicht bewahren über große Einflußbereiche, die er zu kontrollieren hat? Für asiatische Manager ist derartiges Training ein absolutes Muß. Dem entsprechend steht Japan mit an der Spitze der Weltwirtschaftsnationen und Deutschland, sowie die USA befinden sich auf dem absteigenden Ast. Die wirtschaftlichen Schwierigkeiten, die auch Japan in den vergangenen Jahren hinnehmen mußte, lagen weniger an hausgemachten Problemen, sondern an der engen Koppelung von Japans Wirtschaft an die USA. Durch die Art der Verpflechtungen seit der Zeit nach dem 2. Weltkrieg ist es den USA immer wieder gelungen, ihre eigenen Probleme auf die "Verbündeten" abzuwälzen. Globale Konzepte lassen sich nicht mit dem Verstand allein regieren. Aus diesem Grund steuert die Weltwirtschaft ständig am Rande einer Katastrophe entlang. Es ist dringend erforderlich, daß ganzheitliche Trainingsmethoden überall in unsere Gesellschaft eingebracht werden, so daß nach und nach ein holistisches, ganzheitliches Weltbild entsteht. Nur wenn unsere Vorstellung vom Leben der kosmischen Realität nahe kommt, werden wir die richtigen Lösungen erkennen für die Aufgaben, die uns das Leben auf dieser Erde stellt. Mit einer zunehmend dichter besiedelten Erde müssen wir ganzheitlich denken lernen. Der erste Schritt dorthin kann dieses Buch sein. Nehmen Sie Ihre Atmung und die damit verbundene Energieversorgung bewußt wahr!
Delta-Niveau ist ein meditativer Zustand, der für jeden aktiven Menschen erstrebenswert ist. Beachten Sie bitte in diesem Zusammenhang, daß Jesus gesagt haben soll, *"Wenn Ihr nicht werdet wie die Kinder, dann werdet Ihr niemals das Reich meines Vaters erlangen!"* Kleinkinder befinden sich hellwach auf delta- oder theta-Niveau. In ihren Tagträumen konstruieren sie ihre Realität. Auf die-

se Weise stehen sie in einer innigen Verbindung mit dem kosmischen Bewußtsein, mit den Urkräften unseres Unterbewußtseins und des Universums. Sie sind wahrhaftig schöpferisch tätig. Wenn es uns als erwachsenen Menschen nicht gelingt, wiederum in dieser Weise geistig kreativ zu sein, dann sind unsere Werke nur Plagiate, Nachahmungen und Routine. Wahre innere Kreativität kann nur nach außen dringen, wenn wir die richtige Geisteshaltung gewinnen. Täglich 10 bis 30 Minuten Tiefstschlaf sind ausreichend für die innere Sicherheit und Regeneration eines Menschen.
Im **Tiefschlaf** schwingen wir auf theta-Niveau. Das ist der Bereich unserer aktiven Träume. Im **Tiefstschlaf,** auf delta-Niveau, tauchen elementare, märchenhafte Motive auf, die sich nur mit einiger Erfahrung deuten lassen. Die meisten Menschen wissen nichts von diesem Teil ihrer Träume. Sie sind Teil von dem, was C.G.Jung "das Unbewußte" nannte. Hier auf diesem tiefen Niveau stehen wir mit der ursächlichen Natur aller Lebewesen in Verbindung. Zumindest ist es auf diesem Niveau möglich, eine derartige Verbindung herzustellen. Im tiefsten Schlaf, auf der Ebene der Märchen-Motive haben wir kaum noch Einflußmöglichkeiten. Wir sind Beobachter und **"Es geschieht einfach".**
Es ist schon immer das Ziel der Magier und Schamanen gewesen, sich diese geheimen Bereiche bewußt zugänglich zu machen. Medizinische Untersuchungen in den USA haben ergeben, daß Yogis in Meditation tatsächlich hell wach sein können und trotzdem auf theta- oder delta-Niveau denken. Das gleiche Ergebnis erhielt man bei Medizinmännern der Urwaldindianer in Südamerika. Sie sind ständig in diesem Zustand. Sie sind wie die Kinder, die intuitiv ihre Heilerkräfte aktivieren und ihre Mitmenschen auf diesem Weg heilen. Man kann diese Zustände vorübergehend mit manchen halluzinogenen Drogen herbeiführen, z.B. mit Mes- calin. Das bedeutet jedoch, daß wir uns ganz unverblümt selbst in die Seele schauen. Das halten die wenigsten Kulturmenschen aus. Aus diesem Grund ist Mescalin bei den Drogenfreaks nicht sehr beliebt. Es ist eine analytische Droge, die dem Menschen gnadenlos einen Spiegel vorhält. Die Medizinmänner bereiten ihre Schützlinge wochenlang auf derartige Rituale vor, damit sie daraus lernen und sich weiterentwickeln. Bemerkenswerterweise wird Mescalin seit einigen Jah-

ren in der Schweiz als Aussteigerdroge für Heroinsüchtige verwendet. Mit einer Dosis Mescalin pro Woche und etwas Psychotherapie kann man die Drogenabhängigen entwöhnen. Das erscheint mir eine sinnvolle Lösung zu sein. Letztlich bedeutet diese Therapie, daß einige einsichtige Therapeuten die Methoden der Medizinmänner korrekt anwenden. Anstatt jedoch diese harten Methoden einer Drogentherapie anzuwenden, sollten wir uns lieber an dem sanften Potential der asiatischen Meister orientieren, die alle auf ihre individuelle Weise Atemtechniken einsetzen, um ihr Bewußtsein zu erweitern.

Wenn wir auf Deltaniveau nur noch mit etwa 3-4 Atemzügen pro Minute atmen und ganz tief träumen, dann muß es möglich sein, durch einen bewußten, ganz tiefen und ruhigen Atemzyklus unseren Verstand zur Ruhe zu bringen. Dieser Umkehrschluß ist absolut logisch. Das ist das Geheimnis der 2. Atemübung: Durch einen tiefen, ruhigen Atem mit einer Frequenz von 3-4 Atemzügen pro Minute dämpfen wir unseren Verstand und aktivieren unser Unterbewußtsein. Wir werden von innen heraus ruhig, die Hirnanhangsdrüsen beginnen zu arbeiten. Der Körper regeneriert sich. Ohne einzuschlafen ist es uns möglich, durch die Versenkung in den Atem den Körper zu entspannen. **Wir können unsere Regeneration lenken und steuern!**

Das ist eine sehr wichtige Erkenntis. Nachdem ich erst einmal diesen Zusammenhang erkannt hatte, habe ich vielen Menschen in schwierigen Situationen allein durch diese Atemübung helfen können. Jetzt war es nicht mehr "nur eine Yoga-Übung", sondern jetzt war es eine ganz bewußt eingesetzte Methode für innere Ruhe, Konzentration und Regeneration. Viele Menschen haben mit dieser Übung ihre Krankheitszeiten drastisch verkürzt. Viele haben ihre Panik, ihre inneren Ängste und ihren ewigen 24-Stunden-Streß überwunden, einfach indem sie bereit waren, die Atemübungen zu machen, die weiter hinten in diesem Buch beschrieben sind. Viele zerrüttete Ehen wurden wieder hergestellt, weil der neurotische Partner zur Ruhe kam und weil durch den gemeinsamen Einsatz dieser Atemtechniken endlich wieder eine Verständigung erzielt wurde.

Sieben Jahre lang unterrichtete ich an der Akademie Montabaur Führungskräfte der Volks- und Raiffeisenbanken in diesen Atemtechniken. Die Manager werden mit Aufgaben überhäuft, die kaum noch zu bewältigen sind. Es ist ein sehr gutes Ergebnis, wenn sie mir nach einiger Zeit berichten, daß ihnen die Übungen bei der Arbeit helfen. Vielen von ihnen ist es gelungen, dank dieser Techniken der Selbstbesinnung ihre tägliche Arbeitszeit von oftmals 12 bis 14 Stunden, zuzüglich Terminen an Wochenenden, auf nur noch 8 bis 9 Stunden täglich zu reduzieren. Überlegen Sie, was es für einen Manager bedeutet, wenn er täglich 3 Stunden einspart und trotzdem bessere Leistungen bringt. Versuchen Sie das in Geld auszudrücken und Sie erkennen, welchen Wert diese Übungen für unsere Arbeitswelt haben.
Wenn ein Top-Manager jährlich z.B. 180.000,- • brutto verdient bei täglich 12 Stunden, dann sind das 60 Stunden pro Woche und das entspricht einem Stundenlohn von etwa 60,-•. Wenn er dank dieser Methoden seine Arbeitszeit auf täglich 9 Stunden reduziert, dann steigt sein Lohn auf 80,-• pro Stunde. Er erfährt eine Wertsteigerung seiner Tätigkeit von 33%!
Aus der inneren Ruhe heraus lernen wir, unsere Aufgaben besser zu strukturieren. Der Blick für die Besonderheiten und die Zusammenhänge wird geschärft. Man leistet leicht mehr in weniger Zeit. Es ist ja nicht die Zeit, die uns fehlt, es ist die Frage, was wir mit unserer Zeit anfangen. Was uns oft fehlt, ist die Übersicht und die optimale Planung.

2. Übung: Tiefer Atem und Punktsehen

"Bevor Du daran denkst, die Welt zu kontrollieren, kontrolliere Deinen Atem. Zwinge ihn in ein einfaches Maß. Denn der Ursprung des Lebens gleicht einem Kristall, den der große Geist in die Wasser der Zeit geworfen hat. Die Wellen der Zeit spiegeln sich in Deinem Atem."

Wir haben schon lange verlernt, normal zu atmen. Kleine Kinder können es natürlich noch. Wenn sie ruhig und ausgeglichen sind, dann atmen sie tief und gleichmäßig in den Bauch hinein. Sie haben im Zustand der Ruhe fast keine Brustatmung. Unser Bauch dehnt sich ganz leicht aus und ebenso leicht zieht er sich wieder zusammen. Die Brust dehnt sich nicht von allein aus. Darin ist der Brustkorb enthalten. Wenn ich die Brust erweitern will, muß ich die Rippen mit der Zwischenrippenmuskulatur ausweiten und künstlich dehnen. Brustatmung bedeutet Arbeit. Sie ist wesentlich anstrengender als Bauchatmung.
Wenn ein Baby zu schreien beginnt, schaltet es auf Brustatmung um. Der Bauch wird hart. Er verkrampft sich. Die Luft wird herausgepreßt, damit das Geschrei möglichst laut und qualvoll wirkt. Es ist ein untrügliches Zeichen, daß dem Kind etwas fehlt, Essen, Liebe oder eine trockene Windel.
Während die Bauchatmung der Normalzustand ist, handelt es sich bei der Brustkorbatmung um eine gezielte Aktion, um Mißstände anzuzeigen. Es ist schon bestürzend, daß heute fast alle Erwachsenen nur noch die Brustatmung praktizieren und das normal finden!
Als ich vor rund 27 Jahren mit Yoga begann und auf diese Dinge aufmerksam wurde, verfügten die meisten Frauen in meiner Bekanntschaft noch über die Bauchatmung, die meisten Männer nur über die Brustatmung. Seit Beginn der neunziger Jahre ist mir in meinen Beratungen und Seminaren aufgefallen, daß inzwischen auch die meisten Frauen Brustatmung anwenden und praktisch alle Männer. Das bedeutet im Klartext, daß der Grad der Verkrampfung inzwischen die ganze Gesellschaft erfaßt hat und wesentlich

schlimmer ist als noch vor 20 oder 30 Jahren. Die generelle Verkrampfung hat also zugenommen. Parallel dazu hat die Angst um die Zukunft, um wirtschaftliche Sicherheit und um ökologische Probleme zugenommen.
Wenn Sie lernen wollen, frei und entspannt zu atmen, dann ist es erforderlich, daß Sie sich die Bauchatmung wieder angewöhnen! Achten Sie darauf, daß Sie stets ruhig und gleichmäßig in den Bauch hinein atmen und die Brust so wenig wie möglich heben und senken.

Die Durchführung der 2. Atemübung

Setzen Sie sich bitte ganz bequem auf einen Stuhl. Achten Sie darauf, daß Sie gerade sitzen. Die Wirbelsäule sollte gerade sein, bis zum Kopf. Sie dürfen sich anlehnen, es ist aber besser wenn Sie frei und gerade sitzen. Legen Sie Ihre Hände locker auf die Oberschenkel. Die Schultern hängen locker. Der Kopf ist gerade.
Schauen Sie jetzt bitte auf einen beliebigen Punkt in ihrem Blickfeld. Der Punkt sollte am Besten schräg vor Ihnen und tief liegen, so daß Sie die Augenlider senken können. Fixieren Sie diesen einen Punkt! Im Kundalini Yoga sagen wir, der Blick sollte ca. 60° abwärts gerichtet sein.
Beobachten Sie Ihren Atem. Der Atem fließt ruhig und gleichmäßig. Die Augen sind halb geschlossen. Tief, ruhig und gleichmäßig atmen. Achten Sie jetzt ganz bewußt auf Ihren Atem. Je nachdem wie leicht es ihnen fällt, regulieren Sie nun bitte Ihren Atem auf etwa 8 Atemzüge pro Minute. Beginnen Sie damit, daß Sie ganz ruhig ausatmen, dann langsam einatmen und dabei bis 10 zählen. Kurz den Atem anhalten, dann ausatmen und dabei wieder bis 10 zählen. Es ist jetzt noch nicht so wichtig, wie schnell diese 10 Takte sind.
Sobald Sie einige Erfahrungen gesammelt haben, regulieren Sie Ihre Atmung immer besser, bis Sie schließlich 3 Minuten oder länger mit genau 3-4 Takten pro Minute atmen. Das bedeutet, daß Sie pro Atemzug ca. 20 Sekunden brauchen. Das ist der "kritische Be-

reich" in dem unsere Hypophyse anspringt und verstärkt zu arbeiten beginnt. Die Antistreßhormone werden freigesetzt und der Körper fängt an, sich zu regenerieren. Es ist für mich schon erschrekkend, daß mir viele Menschen in der Beratung begegnen, die pro Atemzug nur 3-5 Sekunden brauchen. Wenn ich diese Zahlen stoppe, dann habe ich manchmal Angst, sie würden den nächsten Tag nicht mehr erleben. Vor allem dicke Menschen mit hohem Blutdruck atmen derartig schnell und stressig. Sie denken dann manchmal, daß sie es nie schaffen werden, diese Atemübungen erfolgreich zu lernen. Wer aber ein bißchen Disziplin aufbringt und eine Woche dran bleibt mit täglich 3 x 3 Minuten, wird ein kleines Wunder erleben!
Allein mit dieser Methode können wir Streß abbauen, die innere Unruhe beseitigen, Angst überwinden, Krankheiten schneller heilen, Selbstsicherheit erlangen, hohen Blutdruck abbauen und weniger Essen, was ja häufig aus Frustration geschieht. Es ist so einfach, daß man eigentlich nur fassungslos den Kopf schütteln kann, warum diese Kenntnisse nicht weiter verbreitet sind. Die Antwort auf diesen Widerspruch ist leicht gegeben.
Die meisten Menschen wollen so bleiben wie sie sind. Sie haben gute Gründe, warum sie im Streß stecken oder sich mit Angst peinigen. Erst wenn ein Mensch bereit ist, seine Fehler und Krankheiten über Bord zu werfen, findet er die geeignete Methode, die ihn wieder in Harmonie mit der Umwelt bringt. Wenn Sie diesen Zeitpunkt erreicht haben, beginnt ein neuer, faszinierender Lebensabschnitt! Sie lernen nun, die eigenen Gefühle zu verstehen und Ihre eigenen Probleme aus eigener Kraft zu regeln.
Das Geheimnis liegt in der inneren Selbstbetrachtung. **Der kürzeste Weg zur inneren Versenkung ist diese Atemübung.**
Sie brauchen in diesem Zustand nichts Spezielles denken. Achten Sie einfach nur auf Ihren Atem! Üben Sie so oft wie möglich, mindestens einmal, besser jedoch dreimal oder mehrmals täglich. Jeder kann diese Übung machen. Der Kranke kann sie im Bett liegend durchführen. Er braucht ja die Erholung, die Wiederherstellung. Ein alter Mensch muß nicht gerade sitzen. Die gerade, aufrechte Sitzhaltung dient dazu, daß die Energie in unserem Körper frei fließt und unser Geist geschärft wird. Die Regeneration funtio-

niert ebenso im Liegen. Nachts im Tiefschlaf liegen wir doch auch. Ich habe es oft erlebt, daß Menschen über dieser Übung erschöpft eingeschlafen sind. Wenn ich bemerke, wie erschöpft sie von ihrem Leben und ihren Problemen sind, fordere ich sie auf, es sich bequem zu machen. Seit einiger Zeit habe ich einen Schaukelstuhl für diesen Zweck in meinem Beratungszimmer. Manche Menschen schlafen dann eine halbe Stunde und erholen sich erst einmal von ihrem alltäglichen Streß.
In der ersten Zeit kann es immer wieder geschehen, daß Sie über dieser Übung einschlafen. Es ist ein Zeichen dafür, wie nötig Sie die Erholung brauchen. Sobald die Erschöpfung überwunden ist, bleiben Sie wach und die Atemberuhigung wirkt sich auf ihren Alltag aus. Sie werden ruhiger, bewußter und zielstrebiger. Ihre Atemfrequenz wird auch im Alltag ausgeglichener. Man gewöhnt sich daran, so wie man sich früher den Streß angewöhnt hat. Meine Atemfrequenz liegt heute dauerhaft bei 4-6 Atemzügen pro Minute. Wenn ich im Streß bin, sind es einmal 8 Atemzüge pro Minute, aber nicht für lange. Unsere Zivilisation hat uns weit von der Natur entfernt. Wenn wir ein Bißchen guten Willen zeigen, dann erkennen wir, daß das wirklich nur schlechte Angewohnheiten sind. Wir können uns diesen Unfug wieder abgewöhnen. Dauerstreß macht uns krank. Unser Körper nimmt die kleinen Atempausen gerne an. Er dankt es uns mit besserer Gesundheit. Unsere Gefühle werden intensiver. Unsere Aufmerksamkeit steigt. Unsere Konzentration optimiert sich. Und auch die Liebe macht uns mehr Freude.
Gestreßte Kulturmenschen tauschen mit einem Atemzug in der Regel nur ca. 600 ml aus. Die menschliche Lunge hat jedoch je nach Körpergröße eine Kapazität von 2500 ml bis maximal 5000 ml. Das durchschnittliche Volumen liegt bei drei Litern. Bei einem Austausch von nur 600 ml, also gerade einmal ein halber Liter, wird vor allem die Luft in der oberen Lunge ausgetauscht, im Bereich der Bronchien. Dort sind aber keine Lungenbläschen. Die Verwertung der geringen Luftmenge ist also obendrein noch sehr mangelhaft. Die restliche Lunge ist die meiste Zeit angefüllt mit abgestandener, verbrauchter Luft. Bei schwachen und kranken Menschen sammelt sich in den Lugenspitzen bereits Wasser. Durch

den bewußten, aktiven und tiefen Atem können wir lernen, das Austauschvolumen auf eineinhalb Liter auszudehnen. Durch die intensive Atmung wird die Ausnutzung zudem wesentlich verbessert.
Dr. Motoyama, ein japanischer Wissenschaftler, der sich viel mit diesen Dingen befaßt hat, entdeckte u.a., daß die Übung "Punktsehen" innerhalb weniger Sekunden eine echte Ruhigstellung des Körpers bewirkt. Bereits nach 10 Sekunden beginnt der Blutzuckerspiegel etwas zu sinken und signalisiert somit eine echte Ruhephase. Unsere innere Energiezufuhr wird gedrosselt.
Ich sehe dabei folgenden Zusammenhang: Das Gehirn macht nur etwa 2% von unserem Körpergewicht aus, aber es verbraucht 70 % von unserem Blutzucker. Außerdem verbraucht das Gehirn 80% vom Sauerstoff, den wir einatmen. Unser Gehirn ist eine außerordentliche Hochleistungsmaschine. Aus diesem Grund nimmt unser Gehirn innerhalb von wenigen Minuten ernsthaften Schaden, wenn die Energiezufuhr oder die Atmung ausfällt. Wenn ein Mensch nicht mehr atmet, treten bereits nach ca. 3 Minuten die ersten irreparablen Schäden im Gehirn auf. Der ganze Körper dient letztlich nur zwei Zwecken: Der geistigen Arbeit, die im Kopfzentrum lokalisiert ist und der Vermehrung, die im Sexualtrieb ihren Sitz hat. Der Sexualtrieb wiederum wird von den Hirnanhangsdrüsen und somit vom Geist gesteuert.
Unser Gehirn wird niemals von allein ruhig. Es arbeitet Tag und Nacht in einem durch, nur mit verschiedenen Schwerpunkten seiner Arbeit. Tagsüber werden die Sinneseindrücke verarbeitet und die Arbeit koordiniert, die wir leisten wollen. Nachts werden die Nachwirkungen der seelischen Belastungen "verdaut", Pläne geschmiedet für die Zukunft, und der Körper wird regeneriert für den nächsten Tag.
Das Gehirn arbeitet so lange, wie es "input" erhält. Unsere Augen nehmen etwas auf, alle Sinne funken ständig kleine und große Datenmengen zum Gehirn. Wir müssen ständig auf dem laufenden sein. Das gilt erst recht in unserer neurotischen Zeit mit einer totalen Reizüberflutung. Durch die Konzentrationsübung "Punktsehen" bekommt unser Gehirn weniger Daten, weil wir uns nur noch auf einen bedeutungslosen Punkt fixieren. Sofort wird die Arbeit etwas

reduziert. Wir kommen zur Ruhe! Diese Übung stammt von den alten Yogis aus Indien, die sich in jahrtausenden der praktischen Erfahrung mit ihren eigenen Sinnen und dem Leistungsvermögen des menschlichen Körpers auseinander gesetzt haben. Sie wußten nichts von unserer Medizin. Sie haben einfach nur gut beobachtet. Sie folgten bei ihren z.T. außergewöhnlichen Experimenten der eigenen Intuition.
Wenn wir manchmal "einfach so ins Leere starren" tun wir das Gleiche. Es ist eine Möglichkeit der Ruhigstellung, die viele Menschen instinktiv nutzen. Es ist jedoch wesentlich besser, wenn wir die Zusammenhänge begreifen und derartige Übungen ganz bewußt einsetzen, um unser Leben erfolgreicher zu gestalten.

3 x täglich Punktsehen und
3 Minuten tiefer, ruhiger Atem für ein gesundes Leben!

Übersicht: Die Vorteile von tiefem, ruhigem Atem

* Entspannung, Beruhigung, Streßabbau
* Die Entspannung hat vitalen Charakter, denn unsere geistige Aktivität wird gleichzeitig angeregt, wir kommen auf neue Ideen.
* Durch intensive Füllung und Entleerung der Lungen steigt die Ladung in unserem elektromagnetischen Feld. Das macht uns widerstandfähiger gegen Infektionen.
* Der Fluß der Spinalflüssigkeit in der Wirbelsäule wird verstärkt und verbessert so unsere Nervenleistungen.
* Der pH-Wert im Körper wird optimal justiert.
* Die Ausscheidung von Toxinen, von Schadstoffen wird verbessert, und die Lungenbläschen reinigen sich.
* Es werden mehr Endorphine im Gehirn freigesetzt. Dabei handelt es sich um die sogenannten Glückshormone, mit denen wir positive, aufbauende und engagierte Gefühle empfinden.

* Das schützt uns vor Depressionen.
* Durch die erhöhte Sauerstoffzufuhr wird das Blut gereinigt und aktiver.
* Wir fühlen uns kräftiger, energiegeladener, bleiben jedoch ruhig und behalten einen klaren Kopf.
* Tiefer Atem kann uns helfen, Energieblockaden in unseren Akupunktur-Meridianen zu beseitigen.
* Die Funktion des Nervensystems wird verbessert durch Spannungsabbau.
* Schlechte Angewohnheiten werden durchbrochen und überwunden.
* Wir können alte, vergessene Erinnerungen bewußt machen, z.B. für eine Rückführung, um unbewußte Probleme zu analysieren und zu überwinden.
* Wir überwinden negative Gefühle und Schmerzen.
* Heilungsprozesse werden beschleunigt.
* Die Lungenkapazität steigt. Dadurch nehmen wir noch mehr Prana und Sauerstoff auf und werden noch vitaler.
* Durch die Anregung der Epiphyse und der Hypophyse steigen unsere intuitiven, mentalen Fähigkeiten.

Steigerung der Lern- und Konzentrationsfähigkeit

Jede Atemübung ist zugleich eine Konzentrationsübung. In sofern ist jede Atemübung gut geeignet, um die Lern- und Konzentrationsfähigkeit eines Menschen zu verbessern. Wenn wir erst einmal gelernt haben, uns durch Atemübungen ruhig zu stellen, dann gewinnen wir mehr Selbstvertrauen. Das Vertrauen, das wir daheim bei unseren Übungen erfahren, macht sich in gewisser Weise selbstständig! Der Körper erinnert sich sehr gern an die Zeiten, in denen wir ihm Ruhe gönnen und er sich erholen kann. Auf diese Weise lassen sich Prüfungsängste überwinden.

Wenn Sie oder Ihre Kinder vor Prüfungssituationen stehen, dann sollten Sie rechtzeitig vorher diese Atemtechniken studieren. Sie müssen diese Programme verinnerlichen. Der Erfolg der Übungen muß klar sein! Wenn Sie dann Ihren großen Auftritt haben bei einer bedeutenden mündlichen oder schriftlichen Prüfung, wird es ausreichend sein, daß Sie in der gewohnten Weise tief und ruhig atmen.
Mit wenigen konzentrierten Atemzügen wird die tiefe, innere Ruhe eintreten, die Sie von Ihren privaten Übungen her kennen. Auf diese Weise erreichen Sie eine innere Sammlung und bestehen jede Prüfung ohne Angst und Streß. Wer auf diese Weise bewußt atmet, der läßt sich auch von einem schlechten Prüfer nicht mehr provozieren. Er konzentriert sich auf den Inhalt der Übung und nicht auf die Störungen.
Viele Menschen sind stolz auf ihre Herkunft und auf unsere besonderen Errungenschaften, auf unsere Kultur und Technik. Es ist sicherlich gut für das Selbstbewußtsein des Einzelnen, wenn er seine Interessen vertritt und seine Vorfahren hoch schätzt. In Asien ehrt man die Toten. Es gibt jedoch das Sprichwort, daß der "Ahnenstolz ein Hindernis auf dem Weg zu wahrer Erkenntnis" ist. Ganz allgemein formuliert bedeutet es, wir lassen uns viel zu oft von den überlieferten Kulturverhältnissen, von überlieferten Verhaltensmustern und Überzeugungen einfangen. Wann immer wir konservativ reagieren, vergeben wir Chancen, etwas Neues zu erfahren. Konservativ kommt ja von "konservieren", d.h. etwas zurückhalten oder einfrieren, "das Eingemachte".
Wenn wir erfolgreich lernen wollen, müssen wir bereit sein, neue Wege zu gehen. In den vergangenen 70 Jahren sind wiederholt Versuche unternommen worden, uns eine andere Lehrmethode beizubringen. Es hat nicht viel genützt. Unsere Schulen werden immer noch preußisch regiert. Nicht mehr ganz so hart wie früher, aber die Paukerei ist geblieben.
Um 1920 erforschte der Arzt Dr. Schultz Methoden der "konzentrativen Selbstentspannung". Er studierte die europäische Hypnose, die indische Yoga-Meditation und die japanische Zenmeditation. Als Synthese seiner Arbeit entwickelte er das "Autogene Training". Obwohl uns das Autogene Training eine große Hilfe bei allen Lern-

prozessen sein kann, gibt es keine einzige deutsche Schule, in der es regelmäßig unterrichtet würde. Dafür gibt es noch Schulen, in denen den Lehrkräften der Einsatz des AT verboten wurde mit dem Hinweis, es sei Sektierertum. Obwohl rund 10% aller Schulkinder Psychopharmaka bekommen und mithin ständig unter Drogen stehen, entschied die schulpsychologische Kommission Rheinland -Pfalz in Neustadt an der Weinstraße, daß für die Lehrerfortbildung "kein Bedarf besteht" (1990). Dabei ist dieses Verfahren seit mehr als 70 Jahren medizinisch erprobt und jenseits aller Zweifel. Ein Großteil der Lehrer ist beruflich ausgelaugt und überfordert, weil die Unzufriedenheit der Schüler zu einem gereizten, aggressiven Verhalten an den meisten Schulen führt.
Viele Lehrer nehmen ebenso wie die Kinder Psychopharmaka und sind an den Grenzen ihrer Leistungsfähigkeit angelangt. Viele Lehrer dämpfen sich mit Tabak und Alkohol. Sie könnten das "Konzentrative Selbstentspannungsprogramm" gut gebrauchen. Dr. Schultz hat in sein AT-Programm die Atemübung mit eingebaut, weil er ihre besondere Bedeutung erkannte. Bereits die Besinnung auf den Atem führt zu einer Verbesserung der inneren Harmonie. Sie können diese Übung separat und unabhängig von den anderen Übungsteilen des Autogenen Trainings anwenden. (siehe folgendes Kapitel!)

3. Übung: Aus dem Autogenen Training

"Bevor Du anfängst Einfluß zu nehmen, übe Dich in Vertrauen, lerne geschehen lassen!"

Setzen Sie sich wie bereits erläutert gerade auf einen Stuhl, kranke oder schwache Menschen nehmen eine beliebige Haltung ein. Fixieren Sie dann Ihren Blick auf einen beliebigen Punkt. Sprechen Sie innerlich die folgenden Worte: "Ich bin ganz ruhig. Ich bin ganz ruhig. Ich bin ganz ruhig!" Danach schließen Sie die Augen und sagen in Gedanken 6x den Satz "Mein Atem fließt ruhig und gleichmäßig." Anschließend empfiehlt Dr. Schultz, das instinktive Vertrauen und die ganz natürliche Selbstständigkeit der Atmung zu betonen, indem Sie folgende Sätze sagen: "Es atmet mich." oder "Ich werde geatmet." Jeden Satz 3 bis 6 Mal in Gedanken wiederholen. Da einige Menschen Probleme haben mit der Vorstellung von "Es atmet mich", empfehle ich heute meinen Klienten den Satz "Mein Atem fließt ganz von selbst."
Nach der Ruhigstellung der Atmung können Sie einige Minuten ruhig sitzen oder liegen bleiben und die Zeit zur Besinnung nutzen. Es ist eine gute Gelegenheit, um sich innerlich eine positive Formulierung einzuprägen. Diese positiven Vorsätze bezeichnen wir als **Affirmation**.

Die Übung in der Übersicht:
Geeignete Position einnehmen.
Punktsehen
3x "Ich bin ganz ruhig."
6x "Mein Atem fließt ruhig und gleichmäßig."
3x "Ich bin ganz ruhig."
3x "Mein Atem fließt ganz von selbst."

Beispiele für Affirmationen:
"Meine Übungen gelingen mir ganz leicht!"
6x wiederholen, oder bei zu hohem Blutdruck:
"Mein Blutdruck ist niedrig und ausgeglichen,
Herz und Kreislauf sind stabil." 6x wiederholen.

Obwohl bereits Dr. Schultz seine Experimente in der Berliner Universität mit Freiwilligen aus verschiedenen Studiengängen durchführte und große Erfolge verzeichnen konnte, ist sein AT bis heute ein Stiefkind der deutschen Ausbildungsstätten.
30 Jahre oder eine Generation später erforschte der rumänische Arzt Dr. Losanow wiederum Verfahren zur Verbesserung der Lernmethoden. Er entwickelte das "Superlearning". Es kam nach stattlichen 20 Jahren Verzögerung um 1970 in die USA und schließlich 1975 zum ersten Mal nach Deutschland. Dr. Losanow studierte wiederum die verschiedenen mentalen Trainingsverfahren, die Erfolge versprachen. Er befaßte sich viele Jahre intensiv mit Yoga, Meditation, Zen, Hypnose und Autogenem Training.
Schließlich entwickelte er seine "Losanow-Methode", die im Wesentlichen aus einer Atemübung und Musik besteht. Er nutzt damit ein weiteres Element des Yoga, die Mantrameditation. Die Yogis erkannten schon sehr früh, daß wir uns durch musikalische Rhythmen auf sehr unterschiedliche Weise beeinflussen können. Mantras sind nichts anderes als "Affirmationen", also konstruktive Suggestionen, mit denen wir uns etwas "einreden", um ein bestimmtes Ziel zu erreichen. Die Verwendung von Musik oder Mantras reguliert automatisch unsere Atmung und unsere Gemütslage.
Sie kennen es selbst: Bestimmte Musik kann uns agressiv machen, andere läßt uns träumen oder entführt uns in höhere Sphären. Losanow ersetzte die traditionellen Mantras durch klassische Musik, die z.T. gut geeignet ist, unseren Geist anzuregen. Er trainierte mit seinen Studenten die folgenden Atemübungen. Wenn wir uns nur auf die Atmung fixieren, auf die Musik lauschen und doch aufmerksam bleiben, dann fließen hinzugefügte Botschaften, nämlich der Lehrstoff, fast von allein in unser Unterbewußtsein. In diesem Zusammenhang sollte man wissen, daß unser Unterbewußtsein absolut alles speichert, was jemals in unserem Leben geschieht. Jede Sinneswahrnehmung wird registriert und verwahrt. Ob wir diese Kleinigkeiten jemals bewußt erfahren, sei dahingestellt. Wir haben in unserem Unterbewußtsein Filter eingebaut, die automatisch alle Sinneseindrücke und Reaktionen auswerten und verschiedene Wertigkeiten zuordnen. Nur die interessanten, neuen oder wichtigen Dinge werden bewußt registriert. Alles tatsächlich

oder scheinbar Unwichtige wandert in die Ablage. Es kann sein, daß wir es nach Jahrzehnten erinnern, ohne zu begreifen, warum. Vor einigen Jahrzehnten ging ein Aufsehen erregender Fall durch die Presse. In Kanada hatte man einen mehr als 10 Jahre zurückliegenden Mordfall aufgeklärt und den angeblichen Täter freigesprochen. Der entscheidende Zeuge hatte sich erinnert, den angeblichen Täter auf der Straße gesehen zu haben, an der maßgeblichen Kreuzung in der Stadt. Es war angeblich der Mordtag. Er erinnerte sich genau daran, daß neben dem Zeugen ein Zeitungsjunge stand, der dort jeden Tag seine Blätter verkaufte. In einer tiefen Hypnose erinnerte er sich an das Titelbild auf der Zeitung, die dieser Junge unter dem Arm trug und sogar an das Datum, das auf dem Kopf der Zeitung stand. Es war der falsche Tag. Der vermeintliche Täter wurde entlassen, ein anderer Verdächtiger rückte in den Mittelpunkt des Interesses und wurde tatsächlich überführt. Unser Gedächtnis ist so phänomenal, daß wir es bis heute gar nicht ausreichend würdigen. Es wäre durchaus lohnend, im Zuge eines mentalen Trainings das eigene Gedächtnis mit seinen überragenden Leistungen mehr zu würdigen und lieben zu lernen. Wenn wir uns einem anderen Menschen oder unseren eigenen Fähigkeiten mit Liebe zuwenden, schaffen wir ein Klima der Harmonie. Das ist die beste Voraussetzung für gute Ergebnisse in unserem Leben.

Auf dieser Basis wirkt die Methode von Losanow. Nachdem Losanows "Superlearning" den weiten Weg durch inzwischen 40 Jahre, eine weitere Generation, und um die halbe Erde bis ins konservative Deutschland zurückgelegt hat, sollte man dieser Methode die volle Aufmerksamkeit wünschen wie dem Autogenen Training. Doch weit gefehlt. Obwohl die Methode für alle Schulkinder und Studenten eine Erleichterung ihres tristen und stressigen Alltags wäre, wird sie nur für teures Geld privat angeboten. Wenn ich die Verfahrensweise unserer Ministerien für den Bereich Fortbildung beobachte, dann scheint mir der Grundsatz zu gelten, daß neue Methoden eingeführt werden, wenn sie überholt sind. Es ist eine hervorragende Leistung, mit der man auf die schlechten Plätze der Weltrangliste moderner Industriestaaten abrutscht. Meine Kritik an den deutschen Bildungsmethoden stammt von 1989 (diese Aus-

sagen hier). Erst 12 Jahre später bestätigte die gefürchtete Pisa-Studie meine Kritik. Deutschland ist mit seinen Bildungsmethoden inzwischen bei den Schlußlichtern der Industrienationen angelangt. Und wenn ich sehe, was meine beiden jüngsten Kinder in der Schule erleben (sie sind jetzt 15 und 16), was für Zustände dort herrschen, dann ist mit einer Verbesserung der Situation nicht zu rechnen.
Die Zukunft unseres Landes läßt sich nicht mit den antiquierten Methoden der Vergangenheit gestalten. Wir leben in einem aktiven Zeitalter. Die asiatischen Länder, allen voran Japan, Korea und China, nutzen systematisch Neuerungen und kaufen neue Ideen z.T. hier bei uns ein, während unsere Erfinder im eigenen Land keine Chance haben.
Wir alle können etwas zum Besseren wenden, wenn wir diese Methoden anwenden. Was ich Ihnen hier anbiete, ist letztlich die Anwendung traditioneller asiatischer Verfahren, die uns die Chancen geben, die wir für die Zukunft im Weltmarkt brauchen. So wie die Japaner unsere Autos nachbauen und verbessern, müssen wir lernen, deren Trainingsverfahren zu nutzen, sonst sind wir bald ein drittklassiges Land. Der eingebildete, deutsche "Ahnenstolz" kann uns den Hals brechen. Die "Bambusweisheit", die sich "stets im Winde biegt", ist ihm haushoch überlegen. Die auf den folgenden Seiten geschilderte 4-Takt-Atmung entspricht der Losanow-Methode.

"Es geht mir darum, Wissen über die Natur des Menschen mitzuteilen. Es geht mir darum, dieses Wissen praktisch anzuwenden. Wissen sollte einen gesellschaftlichen Nutzen haben und nicht zum Selbstzweck geraten oder mißbraucht werden. Die Erde ist unser kostbarstes Gut. Hüten wir sie für uns und unsere Kinder!"

4. Übung: 4-Takt-Atem und 8-Takt Atem

"Erst wenn Du dich selbst aus dem Takt bringts, gewinnst Du ein Gefühl für die große Harmonie. Halte Dich selbst an, und die ganze Welt steht still. Lerne aus dieser Erfahrung eine neue Harmonie zwischen Dir und der Welt herzustellen!"

Die verschiedenen Formen der Atemregulation werden unter dem Begriff des Pranayama zusammengefaßt. Pranayama bedeutet "Beherrschung der Lebenskraft". Wenn Sie dabei z.B. eine Trainingskassette mit Vokabeln oder mit einem Text anhören und lernen möchten, dann benutzen Sie einen bequemen Stuhl, in dem Sie sich anlehnen können. Legen Sie sich bequem in diesen Stuhl oder auch flach auf eine Decke. Stellen Sie sich ruhig mit dem Punktsehen. Schließen Sie danach Ihre Augen, und atmen Sie in folgender Weise: 4 Takte einatmen, 4 Takte die Luft anhalten, 4 Takte ausatmen und 4 Takte die Lunge leerlassen. Im Einzelnen geht das so: Zählen Sie in Gedanken

1, 2, 3, 4 - einatmen, 1, 2, 3, 4 - anhalten,
1, 2, 3, 4, - ausatmen und 1, 2, 3, 4, - leerlassen, usw.

Zwingen Sie sich zu nichts. Der 4/4-Takt sollte von Ihnen selbst innerlich mitgezählt werden, bis Sie Ihren eigenen Rhythmus gefunden haben. Es müssen also nicht genau 4 oder 8 Sekunden sein, sondern es ist Ihr eigener 4-Takt-Atem! Ihre Aufmerksamkeit ist auf den Atem konzentriert, bis Sie ein gutes Gefühl für diesen Rhythmus entwickelt haben. Danach brauchen Sie nicht mehr mitzuzählen, sondern nur noch rhythmisch zu atmen.
Es ist günstig, wenn Sie parallel dazu eine angenehme Meditationsmusik oder ruhige, klassische Musik Ihrer Wahl mitlaufen lassen. Immer die gleiche Musik zur gleichen Übung! Sobald Sie Musik und 4-Takt-Atem verinnerlicht haben, lassen Sie zusätzlich die gewünschten Lehrstoffkassetten mitlaufen. Sie werden sehen, daß Sie auf diese Weise leicht und intuitiv den Stoff aufnehmen. Natürlich sollten die Kassetten ruhig und in einem ähnlichen Rhythmus besprochen werden.
Wenn Sie Ihre innere Aufnahmefähigkeit und Ihr Konzentrationsvermögen steigern wollen, können Sie die Taktfrequenz auf 8/8 er-

höhen. Diese Methode ist für die erhöhte Konzentration gut geeignet.
Speziell für leichtes Lernen empfehle ich jedoch eher einen Rhythmus von 8 Takte einatmen, 8 Takte anhalten, 8 Takte ausatmen und nur 4 Takte leer lassen. Das fällt uns leichter und lenkt uns nicht vom Lernen ab. Durch die Regulation dieser Taktseqenzen können wir uns in unterschiedlicher Weise beeinflussen. Um die Leistungsfähigkeit unseres Gehirns zu erhöhen verwenden die Yogis folgende Sequenzen: 8 Takte ein, 16 Takte anhalten, 8 Takte aus, 4 Takte leer lassen. Auf diese Weise steigt die verfügbare Energie in unserem Gehirn. Wenn Ihnen heiß wird dabei, ist das ganz normal. Depressive und frustrierte Menschen, sowie alle Menschen mit niedrigem Blutdruck können sich mit dieser einfachen Übung sehr gut aktiveren und aufbauen. Wenn Sie über zu hohen Blutdruck verfügen, sollten Sie vorsichtig damit umgehen. Sie stehen ja schon unter Druck! Sie sollten versuchen, ihren Überdruck mit häufigen, kurzen Phasen des Feueratems abzubauen. Üben Sie mehrmals täglich 30-60 Sekunden Feueratem mit einer anschließenden Phase tiefer, ruhiger Atmung von 2-5 Minuten. Wenn Sie die Lunge reinigen und die körperliche Leistungsfähigkeit betonen wollen, dann verwenden Sie bitte folgende Übungssequenz: 8 Takte einatmen, 8 Takte anhalten, 8 Takte ausatmen und 16 Takte die Lunge leer lassen. Auf diese Weise geraten Sie ganz schön unter Druck. Es fördert ungemein Ihre Disziplin und Ihre Konzentrationsfähigkeit. Die Lunge mag diesen leeren Zustand überhaupt nicht. Es werden verstärkt Abgase aus den Lungenbläschen in den leeren Lungenraum ausgeschieden. Der verfügbare Sauerstoff wird optimal genutzt. Bei Rauchern beginnt es regelrecht zu stinken, wenn sie derartige Übungen praktizieren. Es ist also eine sehr gute Behandlung, wenn man mit dem Rauchen aufhören will oder wenn man die Spätfolgen beseitigen will, nachdem man bereits aufgehört hat. Die meisten Raucher beginnen anfänglich schlimm zu husten. Jetzt wird ihnen bewußt, wie sehr sie sich vergiftet und verschmutzt haben.

Die Unterschiede von Nasen- und Mundatmung

"Dein Körper hat viele Tore. Studiere sie alle."

Nasen- und Mundatmung haben unterschiedliche Wirkungen auf unseren Energiekörper und auf die Gesundheit. Da Prana an der Nasenwurzel in den Energiekörper aufgenommen wird (siehe Kapitel 9), nehmen wir bei reiner Mundatmung weniger Prana auf. Das bedeutet, der physische Körper wird weiterhin versorgt, sonst würden wir ja schnell sterben, der Energiekörper leidet jedoch unter einem Mangel an Prana. Wirklich reine Mundatmung ist eigentlich nur bei akuten Nasenkrankheiten der Fall. Es kann damit zusammen hängen, daß ein Mensch sich weigert, erwachsen zu werden. Er nimmt möglichst wenig Energie auf, um klein zu bleiben. Für unser 3. Auge (siehe S. 56) bleibt sein Energiefeld schwach und kindlich. Reine Mundatmung kann also bedeuten, "schau mal, ich bin doch noch so klein!"

Nun die weiteren Einzelheiten:

* Reine Nasenatmung ist optimal, sie führt uns sowohl optimal Sauerstoff und Prana zu, als auch optimal Apana (negatives, verbrauchtes Prana) ab, d.h. die Reinigung des Energiekörpers ist ebenfalls gut. Die Energie im Körper wird auf einem hohen Niveau konstant gehalten.
* Durch die Nase einatmen und durch den Mund ausatmen: Es wird mehr Energie aufgenommen als abgegeben. Die Energie im Körper steigt.
* Durch den Mund ein- und durch die Nase ausatmen: Es wird mehr Energie abgegeben als aufgenommen. Die Energie im Körper sinkt.
* Wenn Sie überdreht sind und viel Energie abgeben möchten, legen Sie sich auf den Rücken auf ein Sofa. Lassen Sie den Kopf leicht nach unten über eine Kante hängen. Strecken Sie die Zunge heraus und rollen Sie die Zunge längs ein, so daß sie eine Rinne bildet. Atmen Sie ruhig und gleichmäßig durch

die Zunge, bis sie trocken wird. Dabei wird sehr viel Energie "verdampft".

* Reine Mundatmung hält die Energie auf einem niedrigen Niveau konstant.
* Wenn wir durch die Nase einatmen und leise pfeifend mit spitzen Lippen durch den Mund ausatmen, regen wir gezielt die Epithelkörperchen der Schilddrüse an. Das reguliert und stärkt unseren Stoffwechsel, den Kreislauf und unsere Erkenntisfähigkeit.
* Wenn Sie durch das rechte Nasenloch atmen, stärken Sie Ihre offensiven Kräfte. Das ist eine gute Atmung, um Befehle zu erteilen, sich durchzusetzen, andere Menschen zu überzeugen oder als Mann eine Frau zu verführen.
* Wenn Sie durch das linke Nasenloch atmen, sind Sie intuitiv, aufnahmefähig, können besser Lehrstoff aufnehmen, intuitiv unterrichten, Festlichkeiten genießen oder als Frau einen Mann verführen, ihn empfangen und sich besiegen lassen.
* Pranayama ist die gezielte Anwendung dieses Wissens, um eine bestimmte Wirkung herbeizuführen.

5. Übung: Feueratem für einen klaren Geist

"Lerne das kalte Feuer zu entfachen und zu beherrschen. Es ist der Hitze Deiner Gefühle weit überlegen."

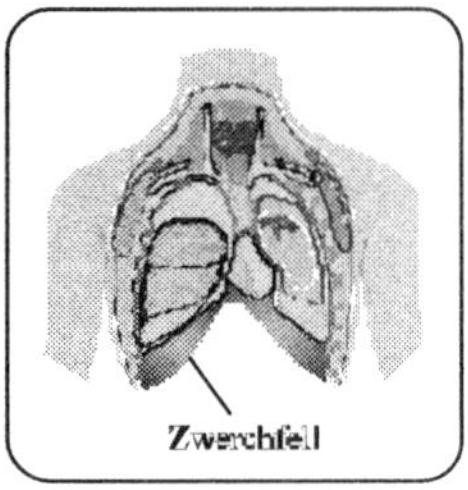

In den Yogatraditionen gibt es viele spezielle Atemtechniken mit besonderen Wirkungen und für spezielle Zwecke. Wir wollen uns eine der wichtigsten Übungen aus dem Kundalini Yoga und dem Energytraining anschauen. Beim Feueratem handelt es sich um einen hechelnden Zwerchfellatem. Das Zwerchfell ist eine Bindehaut, die sich wie ein weiches Tuch quer durch unseren Körper zieht. Sie trennt den Brustraum vom Bauchraum.

Vorübung: Setzen Sie sich aufrecht hin. Legen Sie beide Hände seitlich an den Körper, in Höhe der unteren Rippen bzw. in Höhe des Magens. Wenn Sie jetzt die Eingeweide zusammenziehen, dann merken Sie, daß sich der Bauch wirklich seitlich ein bißchen einzieht. Üben Sie das bitte. Machen Sie sich bewußt, daß da eine Bindehaut ist, die sich zusammenziehen kann und die das Innere unseres Körpers in zwei Hälften aufteilt.

Wenn ein Hund schnell gelaufen ist, bleibt er stehen und beginnt zu hecheln. Das ist eigentlich schon der Feueratem. Der Hund wendet es an, um sich abzukühlen, denn er schwitzt mit der Zunge. Zusätzlich wird durch den Feueratem in unserem Gehirn innerhalb von nur einer Minute die alpha-Frequenz einjustiert. Das bedeutet, wir werden vom Gehirn her ruhiger und intuitiver. Wenn wir uns in den Alltagsstreß verbeißen, dann sind wir voll aktiv auf beta-Niveau, bis wir abends umfallen und ermüdet einschlafen. Es kann sein, daß uns beta-Wellen noch bis in die Nacht hinein verfolgen und wir nicht zur Ruhe kommen. Wenn wir statt dessen 3 x täglich nur eine Minute Feueratem praktizieren, dann stellen wir uns für diese Zeit ganz bewußt ruhig. Feueratem ist der krasse Gegensatz zum tiefen ruhigen Atem, hat jedoch gleichermaßen eine beruhigende Wirkung. Wir werden wirklich ruhig und wach zugleich! Unser Gehirn wird optimal mit Sauerstoff versorgt. Die Lungenbläschen werden intensiv von Schadstoffen gereinigt.

Manche Ärzte behaupten, ohne es zu kennen, es sei eine Hyperventilation. Das stimmt nicht. Feueratem ist vollkommen unschädlich und ganz im Gegenteil eher ein "Wunderheilmittel". Die Yogis haben diese Methode den Tieren abgeschaut und setzen sie bewußt ein. Akute Spannungen können in wenigen Minuten überwunden werden. Depressionen verschwinden. Die Ladung in unserem körpereigenen, elektromagnetischen Feld steigt. Wir bekommen buchstäblich mehr Spannkraft, ohne verspannt zu sein! Wir bekommen eine stärkere Ausstrahlung. Unsere Lebensenergie wird stabiler. Das bedeutet, wir haben eine größere Widerstandskraft gegen Infektionen, Schadstoffe und gegen negative Beeinflussungen durch andere Menschen. Unsere intuitive Wirkung auf andere Menschen steigt ganz erheblich an. Unsere Durchsetzungskraft wächst. Wir bekommen endlich die Chance, unsere Energie bewußt einzusetzen und unsere Ziele erfolgreich zu realisieren!

Die Durchführung des Feueratems

Setzen Sie sich möglichst aufrecht auf einen Stuhl. Stellen Sie sich durch das Punktsehen ruhig. Atmen Sie einige tiefe, ruhige Atemzüge. Dann legen Sie bitte für den Anfang eine Hand auf den Bauch. Atmen Sie jetzt ganz bewußt aus. Ziehen Sie dabei den Bauch und den Magen etwas ein. Sie fühlen, wie der Bauch sich zusammenzieht und nach innen geht. Dabei spüren Sie deutlich, daß etwas Luft aus der Lunge entweicht. Das Zwerchfell zieht sich zusammen und drückt Luft aus der Lunge. Sie atmen also etwas Luft **aktiv aus!** Dann lassen Sie einfach den Bauch los. Das Zwerchfell entspannt sich. Der Bauch kommt wieder nach vorn. Der innere Lungenraum erweitert sich zum Bauch hin. Automatisch wird etwas Luft eingesogen. Sie atmen also **passiv ein!** Aktiv den Bauch einziehen und dann wieder loslassen. Aktiv einen Schluck Luft ausatmen und passiv etwas Luft einströmen lassen. Nun steigern Sie bitte den Atemrhythmus, bis Sie auf eine ganz schnelle Frequenz kommen von etwa 2 Atemzügen pro Sekunde!

Sie atmen also ganz leicht, flach und intensiv durch die Nase. Der Brustkorb bleibt ruhig!
Mit jedem Atemzug wird nur ein klein wenig Luft ausgetauscht. Die Frequenz ist jedoch sehr hoch. Auf diese Weise gerät die Luft in der Lunge in Zirkulation. Die ganze Lunge wird durchlüftet. Die Luft in unserer Lunge wird negativ ionisiert. Das brauchen wir, damit wir die Energie in unserer Atemluft optimal verwerten können. Frische Waldluft ist negativ geladen und sie tut uns gut. Abgestandene, schwühle Luft vor einem Gewitter ist positiv geladen und ermüdet uns. Nach dem Gewitter ist die Luft garantiert negativ ionisiert und wir atmen erleichtert tiefer durch. Schon nach einer Minute Feueratem haben wir ein verändertes, klares und ruhiges Lebensgefühl! Eine Minute auf diese Weise zu atmen kommt Ihnen am Anfang sicherlich lang vor, aber schon bald haben Sie sich daran gewöhnt. Eine Dauer von 1-3 Minuten ist vollkommen ausreichend. Wer normalerweise flach und verkrampft atmet, tauscht nur einen kleinen Teil der Luft im oberen Lungenbereich aus. Unten in den Lungenspitzen befindet sich bei den meisten Menschen abgestandene, verbrauchte Luft. Der Gestank im Verkehr in unseren großen Städten läßt uns ja kaum noch frei atmen. Auch jede Art von Streß führt zu einer verkrampften und schlechter Atmung. Feueratem reinigt die Lunge. Sie wird richtig durchgepustet. Praktizieren Sie Feueratem nur, wenn die Luft einigermaßen sauber ist, auf keinen Fall in einer verpesteten Atmosphäre.
Unsere Lebensgewohnheiten sind ganz stark mit einer bestimmten Verhaltensweise verbunden, folglich auch mit einer bestimmten Atemtechnik. Wir schauen uns das Verhalten der Eltern ab. Ist vielleicht der Vater schon Raucher und hustet oft, die Mutter überlastet, gehetzt und kurzatmig, dann werden die Kinder diesen Zustand als normal empfinden. Sie werden sich ohne direkte Notwendigkeit die schlechten Vorbilder zu eigen machen. Daraus entsteht die individuelle Verhaltensweise, unsere Atmungsroutine. Mit dieser speziellen Atemtechnik, die wir uns auf Grund unserer Vorbilder angeeignet haben, sind natürlich viele weitere Elemente verbunden. Wer flach und kurz atmet, ist nur begrenzt leistungsfähig. Wir fühlen uns schnell überlastet, ähnlich wie die eigene Mutter, unser Vorbild. Wir neigen zu Bronchialerkrankungen, auch wenn

wir gar nicht so schlimm betroffen sind wie der Vater, der ständig raucht. Dieses Routineverhalten kann uns in unserer Entwicklung behindern. Ein Entwicklungsschritt sollte uns voranbringen. Wir wollen und wir müssen uns entwickeln, sonst wird unser Leben sehr bald eine ermüdende Routine. Die schlechten Angewohnheiten stehen uns jedoch im Wege.
Wenn wir die hier beschriebenen Atemtechniken anwenden, durchbrechen wir die Routine unserer Erziehung an einer sehr empfindlichen Stelle. So, wie sich alle Gefühle und Gemütsregungen in unserer Atemweise niederschlagen, so können wir auch umgekehrt die alltägliche Routine durchbrechen, indem wir unkonventionelle Atemübungen anwenden.
Die hier geschilderten Atemübungen sind ein sehr einfacher und wirkungsvoller Weg, um die Schranken unserer Erziehungsfehler zu überwinden und neue, eigene Wege zu gehen. Wir lernen auf eine neue und bewußte Weise zu atmen. Wir beginnen anders zu atmen, wie es unsere Eltern oder sonstigen Vorbilder nie getan haben. Wir entwickeln unseren eigenen Stil in der Atmung, im Denken, Fühlen und Handeln. Wir lösen uns von den Erziehungsmustern und treten den Weg in die Selbstständigkeit an.
Es wird der Beginn eines sehr bedeuten neuen Lebensabschnittes sein. Wir beginnen, uns selbst in einer veränderten Weise wahrzunehmen. Wir bekommen eine neues, intensiveres Körpergefühl.
Es ist der Anfang einer neuen Zeit. Es liegt jetzt in Ihrer Hand, die private Routine zu durchbrechen und mit diesen Methoden einen neuen Lebensabschnitt zu beginnen!

Übersicht: Die Vorteile des Feueratems

* Durch diese Atemtechnik wird das Nabelzentrum gestärkt, unser 3. Chakra, das Zentrum unserer Willenskraft und unserer Durchsetzungsfähigkeit.
* Die Durchblutung der Körperperipherie wird verbessert; die äußeren Körper- und Hautbereiche, die bei gestreßten Menschen oft genug schlecht durchblutet und verkrampft sind.
* Die Sinneswahrnehmung wird klarer, weil mehr Energie aufgenommen wird.
* Toxine werden verstärkt ausgeschieden.
* Drogenwirkungen und Depressionen können durch die Aktivierung körpereigener Substanzen überwunden werden.
* Müdigkeit nach den Übungen ist ein Hinweis auf innere Reinigungsprozesse. Diese Müdigkeit verschwindet, sobald der Mensch innerlich gesund und erholt ist.
* Optimale Versorgung mit Sauerstoff .
* Überdurchschnittliche Versorgung mit Prana.
* Die Spannung im Nervensystem steigt, wir halten mehr aus.
* Im Gehirn entsteht bei vollem Bewußtsein ein stabiler alpha-Rhythmus, die Bereitschaft zu kreativen Gedanken.
* Ausdauer und Leistungsfähigkeit steigen.
* Nervenzittern und Unruhe werden beseitigt; falls das nicht erreicht wird, nehmen Sie zusätzlich Vitamin-B-Komplex ein.
* Die Willenskraft und die Entschlußfreudigkeit steigt.
* Die Lungenkapazität wird gesteigert.
* Die Lungenbläschen werden gereinigt.
* Die Konzentrationsfähigkeit wird verbessert, wir werden aufnahmefähiger.
* Die Folgen von Raucherschäden können beseitigt werden.
* Stressige Situationen und Ärger werden leicht und schnell überwunden.
* Unser individuelles Energiefeld wird stärker aufgeladen. Es gibt uns Schutz vor Umwelteinflüssen und Infektionen.
* Feueratem ist die passende Ergänzung zum tiefen, ruhigen Atem.

6. Übung: Energiekontrolle durch Mulabhanda

"Bevor Du daran gehst, Deine Energie einzusetzen, lerne sie zu bewahren."

Durch die Übung "Punktsehen" dämpfen wir die Hirnfunktionen ein Bißchen. Wir greifen über die Ruhigstellung in unseren Energiehaushalt ein, was die medizinischen Untersuchungen von Dr. Motoyama bestätigt haben. Leben ist Energie! Durch ausreichende Versorgung mit Vitamin-B-Komplex sichern wir den Energietransfer in unserem Nervensystem. Durch tiefen ruhigen Atem erholen wir uns und aktivieren die Hirnanhangsdrüsen. Der Körper regeneriert sich. Durch den aktiven Feueratem reinigen wir die Lunge und stellen neue Energie bereit. Wohin jetzt mit dieser Energie? Läßt sich Energie überhaupt regulieren oder dirigieren? Natürlich! Wenn wir denken, daß unser Bein sich bewegen soll, dann wird es das wohl tun. Wir brauchen gar nicht groß darüber nachzudenken. Wer laufen will, der läuft. Wer stehen bleiben will, tut es. Ganz klar, wenn sich das Bein bewegt, dann müssen die Muskeln wohl die nötige Energie haben. Wenn ein Mensch fast verhungert ist, läuft er nämlich nicht mehr. Dann liegt er nur noch halb tot auf dem Boden.
Ich möchte das hier ausdrücklich betonen, um klar zu machen, daß Energieregulation kein metaphysischer Quatsch ist und auch kein esoterischer Humbuk, sondern eine ganz normale Reaktion unserer Physiologie. Unsere Gedanken sind de facto Energie. Wir können sie messen. Wir senden den Impuls "laufen"! Als Folge davon wird Muskelenergie in Form von Traubenzucker aktiviert und das Bein gehorcht. Keiner zweifelt daran.
Aber wenn wir nun daran gehen, mit unseren inneren Organen zu reden, dann gibt es immer noch Menschen, die Protest einlegen. Vergessen Sie diese Bedenken! Im Autogenen Training lernen wir ganz bewußt und gezielt mit unseren Körperfunktionen zu sprechen. Unsere Gedanken sind die entscheidende Energie, mit der wir die Geschicke unseres Körpers lenken. Vieles davon geschieht ganz automatisch. Wir können nicht im Detail darüber nachdenken, wieviele Tropfen Magensäure wir jetzt brauchen, um das Es-

sen zu verdauen. Aber wenn wir uns ständig Sorgen machen, daß unser ganzes Leben nicht gut verläuft, dann bekommen wir Sodbrennen und Magengeschwüre. Eine Übersteuerung der inneren Funktionen.

Wenn wir ständig in Angst um die Arbeit oder die Gesundheit leben, dann werden unsere Bedenken genau diesen befürchteten Tatbestand schaffen. Wir werden entlassen und obendrein krank!

Der Körper realisiert auf wunderbare Weise die Summe unserer Gedanken!

Wenn wir statt dessen durch die Atemübungen den Körper in Harmonie bringen und beruhigen, wenn wir neue Energie aktivieren, dann sollten wir diese Energie ganz bewußt nutzen!

Dazu müssen wir eine weitere Übung der alten indischen Weisen beschreiben und lernen. Sie wird als "Mulabhanda" bezeichnet. Das bedeutet auf deutsch "das Wurzelband zusammenziehen". Mit dem "Wurzelband" sind die Muskeln vom After, im Schritt und von unserem Geschlechtsorgan gemeint, kurz alle Beckenbodenmuskeln mit After und Geschlechtsorgan.

Die Durchführung der Übung

Sitzen Sie bitte aufrecht, und atmen Sie tief ein. Dann bitte den Atem anhalten und die Muskeln vom After, Geschlecht und den Po fest zusammenziehen. Einfach fest nach innen zusammenziehen, so als wenn Sie sich "alles verkneifen", wie man bei uns zu sagen pflegt. Ausatmen, und dann die Übung einige Male wiederholen. Es muß ganz bewußt sein, was gemeint ist und wie man es macht!

Welche Bedeutung hat nun diese Übung?

Stellen Sie sich bitte vor, daß wir auf einer Erde leben, deren Umwelt in einer Flut elektromagnetischer Ladungen gebadet wird. Vom Kosmos prasselt ein ständiges Feuerwerk aus kosmischer Strahlung auf die Erde. Hinzu kommen die Teilchenstürme aus dem Sonnewind und die Strahlungsenergie der Sonne an sich. Um die Erde liegt in ca. 140 km Höhe der van Allen-Gürtel, ein elektromagnetisches Feld, daß uns abschirmt vor der Masse der harten

Strahlung und vor den Partikelströmen. Mit unseren Füßen stehen wir auf dem Erdboden. Der Erdboden selbst bildet mit seinem gigantischen Magnetfeld das Gegenstück zu dem kosmischen Strahleneinfall. Alle Lebewesen auf dieser Erde haben ein individuelles Magnetfeld. Jeder von uns ist in gewisser Weise ein Stabmagnet, der mit einem Pol auf der Erde haftet und mit dem anderen zum van Allen-Gürtel hin orientiert ist. Die poetische Darstellung, daß wir "Gottes Marionetten" sind, "Puppets on a string", hat einen realen Kern. Normalerweise fließen die kosmische Strahlen durch uns hindurch und dringt durch unsere Füße in die Erde ein. Wieviel Energie wir zu halten vermögen, hängt von unserer individuellen Prägung ab. Wir sagen ja, daß ein Mensch eine "starke Ausstrahlung" hat und ein anderer "abstoßend" auf uns wirkt. Wir spüren deutlich, wenn jemand "ohne Energie" ist oder "dynamisch".

Durch die Übung **"Mulabhanda"** bringen wir für wenige Sekunden den Energiefluß durch unseren Körper zum Stocken. Ein klein wenig von dieser Energie staut sich in unserem Körper und wir bekommen Hitzewallungen und ein anderes Lebensgefühl. Sobald der Atem stockt und wir den Unterleib zusammenziehen, staut sich die Energie in unserem Körper. Der dadurch erzeugte Energieimpuls kann Depressionen auf einen Schlag beseitigen. Einem schwachen Menschen kann schwindlig werden. Doch danach wird eine ganz neue Klarheit in uns entstehen!

Mulabhanda ist der erste Schritt der **Energieregulation.** Eine ausführliche Beschreibung finden Sie im Kapitel 8. Ich habe diese Methoden seit fast 30 Jahren mit hervorragenden Ergebnissen selbst angewandt und vielen kranken Menschen empfohlen. Trotzdem will ich nicht ausschließen, daß ein paar spezielle Kranke bei der Anwendung dieser Methode irritiert werden und zum Arzt laufen. Trotz meiner guten Erfahrungen muß jeder selbst entscheiden, ob er diese Methoden anwenden will.

Einer meiner Klienten stellte fest, daß nach der Anwendung dieser Methode seine Psychopharmaka nicht mehr wirkten. Als er das seinem Psychiater erzählte, befahl dieser ihm sofort mit der Übung aufzuhören und seine Pillen wieder zu nehmen. Zur Sicherheit bekam er alle 3 Tage eine Spritze, bis sein vernebelter Zu-

stand wieder hergestellt war. Er ist jetzt seit 4 Jahren in Behandlung. Den einzigen Lichtblick hatte er vermutlich in den 3 Wochen, die er bei mir in der Beratung war.
In einem anderen Fall konnte eine Frau nach wenigen Wochen Übung ihre Brille nicht mehr benutzen. Sie trug eine extrem starke Brille mit -10 Dioptrien. Plötzlich brauchte sie eine neue Brille mit nur noch - 7 Dioptrien und einem völlig anderen sphärischen Winkel. Das machte ihr derartig Angst, daß sie sofort das Training abbrach. Augenscheinlich war ihr halbblinder Zustand beabsichtigt.
Ich will nicht ausschließen, daß etablierte Ärzte oder Therapeuten aus derartigen Gründen diese Methoden für bedenklich halten und kritisieren. Zunindest ist es schlecht für ihr Geschäft.
Wenn ich mir überlege, was im Unterschied dazu mein indischer Meister mit mir und anderen Schülern angestellt hat, dann würden unsere "Götter in weiß" vermutlich nur noch nach der Justiz rufen. Der Witz ist nur, daß man z.B. nach 150 Minuten Feueratem und Mulabhanda, im Yogasitz, den rechten Arm senkrecht erhoben und nach den Sternen greifend, alle Negativität hinter sich gelassen hat. Alle Erziehungsprobleme fallen von uns ab wie welke Blätter von einem Baum. Plötzlich bist Du auf einer Wahrnehmungsebene, von der andere nur ein Leben lang träumen. Plötzlich bist Du ganz Du selbst und Eins mit Allem, und Du weißt: Das Leben ist sehr schön.
Eine junge Frau kam mehrmals in meine Beratung. Sie hatte tausend große und kleine Probleme, ein undurchdringliches Dickicht von sozialen Hemmungen und seelischen Nöten. Ich erläuterte ihr diese Übungen und stellte es ihr frei, aus eigener Entscheidung so intensiv zu üben, wie sie es für richtig hält. Ein Jahr lang zögerte sie. Es ging hin und her, auf und ab. Ein ständiges Gejammer. Dann blieb sie einige Monate weg. Eines Tages tauchte sie auf, und ich hätte sie kaum wiedererkannt. Sie trug attraktivere Kleidung, wirkte ruhig und selbstbewußt. Sie lächelte sanft, etwas verschmitzt und augenscheinlich selbst noch verwirrt, von dem was mit ihr geschehen war. Dann berichtete sie mir folgendes. Trotz meiner Bedenken hatte sie statt Vitaminen weiterhin Psychopharmaka genommen. Sie war seit rund 8 Jahren abhängig von dem Stoff, der in den Industrieländern legal vertrieben wird. So konnte

sie natürlich niemals zu den entscheidenden Ergebnissen kommen, die mit den Atemübungen möglich sind. Dann, nach vielem hin und her, hatte sie in einer akuten Krise alle Pillen in den Müll geworfen, sich hingesetzt und zwei Stunden im Stück Feueratem praktiziert. Irgendwann war der Bann gebrochen und sie konnte ohne jede Mühe weitermachen. Sie wiederholte mehrfach die Konzentrationsübung "Mulabhanda" in Verbindung mit der "Konzentration aufs 3. Auge", die ich gleich noch beschreiben werde. Etwas in Ihr setzte aus. Die Macht dieser heimtückischen Drogen und ihre eigene Depression wurde gebrochen. Ihr Körper produzierte endlich die erforderlichen Hormone, um die permanente Depression zu überwinden. Sie hatte nach langem hin und her ihr Leben in die eigenen Hände genommen, mit dem Programm, daß ich hier beschreibe.
Ich schildere Ihnen diesen Fall, weil er zwei Dinge deutlich macht: Solange jemand unter Drogen steht, wird er bestenfalls kleine Teilergebnisse erzielen. Er wird immer wieder rückfällig. Wer seine Krankheiten pflegt, dem ist nicht zu helfen. Es muß der Wille da sein, diese Methoden individuell anzuwenden. Sie müssen selbst wissen, wann es genug ist. Das Beispiel zeigt außerdem, daß man es wohl kaum übertreiben kann. Wer wird schon 2 Stunden Feueratem machen, außer er ringt mit dem Überleben! Als ich seinerzeit die erwähnte 2 1/2-Stunden-Sitzung mitgemacht habe, stellte sich später heraus, daß unser Meister nach einer Stunde bereits gegangen war. Wir hatten dagesessen und automatisch weitergemacht. Erst nach weiteren eineinhalb Stunden wurde uns klar, daß es genug war. Er lachte sich halb tot über unseren irritierten Gesichtern und meinte, es müsse ja wohl jeder selbst wissen, wann es genug sei. "Was wollt Ihr? Es ist doch alles in Ordnung!" Wenn ich mir überlege, daß wir nur aus der Vermutung heraus, er werde uns sagen, wann es genug sei, so über uns hinausgewachsen sind, dann war das wirklich eine gute Übung. Es war vielleicht die beste Lektion, die ich je bekommen habe. Gut, probieren Sie diese Übungen aus und machen Sie das Beste daraus. Übernehmen Sie die Verantwortung für alles, was Sie aus Ihrem Leben machen wollen. Es wird schon richtig sein!

7. Übung: Konzentration auf das 3. Auge

"Bevor Du nicht gelernt hast, das Licht zu entzünden, wird die erstrebte Meisterschaft in der Dunkelheit Deiner Seele schlummern."

Bevor wir zu dieser ganz entscheidenden Übung kommen, möchte ich Ihnen alle Zusammenhänge erläutern. Das 3. Auge ist von so herausragender Bedeutung für die Entwicklung der Menschheit, daß wir uns etwas Zeit nehmen müssen. Wenn wir die Hintergründe und die Zusammenhänge besser kennen, dann werden wir die Übung besser zu würdigen wissen und gewissenhafter nutzen. In der Entwicklung des Menschen und in der Wissenschaft des Kundalini Yoga ist die Funktion des 3. Auges besonders wichtig. Das Gleiche gilt für alle anderen ernst zu nehmenden Abhandlungen über mentale Techniken. Das 3. Auge ist der Sitz unserer außergewöhnlichen Fähigkeiten. Jedes höhere Lebewesen verfügt über ein 3. Auge, also auch die Säugetiere oder die anderen Wirbeltiere, aber nur wenige setzen diese Fähigkeiten bewußt ein. Nach der Yogalehre ist das 3. Auge der Sitz der "Siddhis". Das sind die "Kräfte der Herrschaft", denn in alten Zeiten konnte nur derjenige ein "Führer der Menschheit" werden, der über die Fähigkeiten des 3. Auges bewußt verfügte.

Der Wirkungsbereich, in dem das 3. Auge in Erscheinung tritt, befindet sich auf unserer Stirn. Aus diesem Grund malen sich die Inder einen bunten, meist roten Punkt auf die Stirn, etwa 2 cm über der Nasenwurzel, zwischen den Augenbrauen. Wenn es erwacht, spüren wir es aber keineswegs dort in der Mitte, sondern je nach unserer Natur eher auf dem rechten oder auf dem linken Stirnhökker. Bei den Stirnhöckern handelt es sich um leichte Erhebungen des Stirnknochens rechts und links über den Augen. Es sind leichte Wölbungen des Stirnknochens. Im Bereich der Stirnhöcker gibt es feine Nervenfasern, die aus der Stirnhaut durch den Schädelknochen nach innen zum Gehirn gehen. Diese Nervenfasern sind sehr sensibel und empfangen Signale aus der Umwelt, die von den Medizinern bisher kaum zur Kenntnis genommen werden.

Vorübung: Am Besten ist es, wenn Sie eine zweite Person hinzuziehen, die Ihnen sympathisch ist. Setzen Sie sich bitte auf einen Stuhl oder legen Sie sich auf ein Sofa, ein Bett oder eine Decke. Es ist nur wichtig, daß Sie eine angenehme und entspannte Position einnehmen. Bitten Sie jetzt Ihre(n) Partner(in), zuerst die rechte Hand mit etwa 5 cm Abstand vor Ihre Stirn zu halten. Der Partner soll die Hand erst vor die rechte Hälfte der Stirn halten, dann vor die linke Hälfte, schließlich in die Mitte. Sie halten die Augen geschlossen und fühlen einfach, ob Sie etwas wahrnehmen können. In der Regel werden Sie einen gewissen Druck verspüren oder die Wärmestrahlung der Hand, denn die rechte Hand eines Menschen ist aktiv und hat eine recht starke Ausstrahlung. Unsere Sinneszellen auf der Stirn sind empfindlich genug, um diese Ausstrahlung zu fühlen! Wenn der Partner die Hand vor den Punkt des 3. Auges hält, mag das unangenehm sein, denn die subtile Funktion des 3. Auges wird dabei behindert. Auch wenn ein Mensch nichts davon weiß, ist das 3. Auge ein subtiles Wahrnehmungsorgan, über das wir ständig die Umwelt registrieren. Besser paßt der moderne Begriff des "Scannens", denn mit dem 3. Auge registrieren wir die Umwelt und werten sie direkt aus. Außerdem verursachen wir über das 3. Auge einen Einfluß auf die Umwelt, um sie zu verändern oder um weitere Informationen hervorzulocken. Nachdem Sie die Übung mit der rechten Hand durchgeführt haben, wiederholen Sie sie bitte mit der linken Hand des Partners. Das Gefühl wird anders sein, sanfter, weil die linke Hand eines Menschen eher aufnehmend ist, also Schwingungen gut empfängt und nicht so stark sendet oder drückt wie die rechte Hand.
Sollten Sie keinen Partner für diese Übung zur Verfügung haben, machen Sie es selbst! Die Wirkung ist dann vielleicht nicht ganz so deutlich, aber die meisten Menschen merken es. Vielleicht entsinnen Sie sich, daß die Mutter Ihnen in früher Kindheit einmal die Hand auf die Stirn gelegt hat, wenn Sie krank waren oder traurig. Wenn ein Mensch erschöpft oder verängstigt ist, krank oder hysterisch, dann geht von seinem 3. Auge geradezu ein Sprühregen von Energie aus, der der Umwelt seinen desolaten Zustand mitteilt. Das kann uns zusätzlich erschöpfen. Wenn wir einem kranken

oder erschöpften Menschen eine Hand auf die Stirn legen, können wir ihn beruhigen und ihm Energie übertragen, um ihn zu heilen.
Je nach unserer individuellen Eigenart wird sich die Energie des 3. Auges mehr links oder rechts auswirken. Bei intellektuellen Verstandesmenschen eher rechts, bei intuitiven Menschen eher links. Das liegt daran, daß der Verstandessektor bei fast allen Menschen im linken Großhirn liegt und das Zentrum der Intuition in der rechten Großhirnhälfte. Doch die beiden Großhirnhälften steuern nach außen hin alle Funktionen des Körpers über kreuz! Nur aus diesem Grund können wir aufrecht und gerade aus gehen! **Die linke, verstandesmäßige Großhirnhälfte** arbeitet **digital**. Sie steuert unsere **rechte Körperhälfte,** den rechten Arm, die Leber, das rechte Bein. Digitales Denken ist die Funktion des Verstandes. Er arbeitet rational, in Schritten von ja-nein-ja-Synthese-ja-nein-ja und so weiter. Rational kommt von Ration, das heißt ein Teil von etwas. Er braucht Fakten, um Arbeiten zu können. Je mehr Fakten oder Teile er besitzt, desto besser wird das Egebnis sein.
Die rechte Großhirnhälfte steuert die linke Körperhälfte. Dazu gehört das linke Auge, die linken Gliedmaßen, das Herz und die Milz. Da das Herz eine große Bedeutung für unser Gefühlsleben hat , wundert es nicht, daß die Intuition in der rechten Großhirnhälfte liegt. Die rechte Großhirnhälfte arbeitet **analog**. Das ist eine **holistische, ganzheitliche Arbeitsweise.** Die Intuition kann aus einem winzigen Puzzleteil bereits Schlußfolgerungen ableiten, wie das ganze Bild aussehen müßte. Das analoge Denken ist dem Verstand haushoch überlegen. Es funktioniert bereits mit wenigen Fakten und einer hohen Wahrscheinlichkeit.
Optimal ist es, wenn ein Mensch intuitiv nach Lösungen sucht und sie rational überprüft. Die Synthese beider Hirnfunktionen bedeutet optimale Ergebnisse. Die Westeuropäer und Amerikaner sind z.B. total intellektuell getrimmt. Das wird in unseren Schulen vermittelt. Die asiatischen Völker sind wesentlich intuitiver. Bereits die bildhaften Schriftzeichen der Japaner oder Chinesen erfordern Intuition, um optimal schreiben zu können. Das grundlegende Studium der Kalligrafie ist ebenfalls ein Training der kreativen Fähigkeiten. Die Endergebnisse sehen wir in den Unterschieden westlicher und östlicher Wirtschaftsentwicklung.

Für unser Thema der Atmung ist von Bedeutung, daß auch die linke Nasenöffnung von der intuitiven Hirnhälfte gesteuert wird und die rechte Nasenöffnung dem aktiven Verstand zuzuordnen ist. Darauf kommen wir später zurück.
Zurück zum 3. Auge! Das innere Organ, daß die Energie des 3. Auges steuert, ist die Epiphyse, das Stiefkind der Mediziner. Sie messen ihr keine besondere Bedeutung bei, d.h. sie haben keine Ahnung. Epiphyse ist ein moderner Begriff für die Zirbeldrüse. Man weiß in den Naturwissenschaften nicht viel darüber, weil sich die höheren geistigen Kräfte bisher den konventionellen Methoden der Medizin entziehen.
Der Begriff des 3. Auges ist präziser als die meisten Menschen ahnen. Schon vor 70 Jahren entdeckten die Biologen, daß die Zirbeldrüse, die bei allen höheren Säugetieren ca. 5-10 cm tief eingebettet zwischen den großen Hirnhälften liegt, lichtempfindlich ist. Auch wenn es keinen plausiblen Grund dafür gibt, reagiert die Zirbeldrüse wie ein Auge. Sie kann Licht wahrnehmen, obwohl sie tief unter der Schädeldecke verborgen liegt!
Dann entdeckte man die **Brückenechse** auf Neuseeland. Dabei handelt es sich um ein Reptil, daß noch ein aktives 3. Auge auf der Stirn trägt. Bei ihr liegt die Zirbeldrüse in der vorderen Schädelfontanelle und ist durch eine glasige Hornschuppe geschützt. (s. Knaurs Tierreich in Farben, Band Reptilien, 1955) Es gibt also noch einige wenige Lebewesen, die sich seit grauer Vorzeit ein 3. Auge bewahrt haben. Das Interessante an der Brückenechse ist nicht nur das 3. Auge. Die Biologen berichten, daß sich diese Tiere nur sehr schwer fangen lassen. Sie scheinen im Voraus zu wissen, ob jemand auf der Jagd ist! Interessanter Weise behaupten die Yogis, daß eine der 8 Siddhis darin besteht, daß man in die Zukunft schauen kann. Sollte es hier einen biologisch belegten Zusammenhang geben? Vor Jahrmillionen hat es zahlreiche Tiere gegeben, die nur über ein Zyklopenauge verfügten, also über das Stirnauge. Es saß in der vorderen Fontanelle des Schädels. Die griechischen Märchen über den Kampf des Herkules mit dem Zyklopen sind also ein Hinweis darauf, daß der Halbgott Herkules die Monster der Urzeit besiegt, weil er nicht nur die überragende intuitive Macht des 3. Auges einsetzt, sondern zusätzlich den Verstand.

Insofern handelt es sich bei den Sagen um Berichte über die Ablösung der instinktiven, intuitiven Epoche, deren Lebewesen zum Teil monströs entartet waren, durch die moderne, mehr verstandesmäßig orientierte Neuzeit.
In den letzten Jahren entdeckte man, daß die Zirbeldrüse des Menschen durch die Schädeldecke hindurch Strahlung empfängt, z.B. kurzwelliges Licht, UV-Licht und kosmische Strahlung. Die Zirbeldrüse reagiert z.T. sehr empfindlich. Speziell Frauen, die in einem Geschäft hinter einem Tresen stehen und dicht über ihrem Kopf Halogenstrahler haben, können auf die intensive Bestrahlung mit dem UV-Anteil dadurch reagieren, daß sie sehr dick werden. Einige unerklärliche Fälle in den USA wurden aufgeklärt und gelöst, indem man diese Bestrahlung in Rechnung stellte, den betroffenen Verkäuferinnen für 14 Tage dichte, schwarze Filzkappen aufsetzte und siehe da, die unerfreulichen Gewichte gingen wieder herunter. Bei Filz handelt es sich um Haare, also dichtes, verklebtes organisches Material. Es schirmt UV-Strahlen ab. Sie sollten also mit dem Einsatz von Halogenstrahlern vorsichtig sein.

Wenn wir schon bei diesem Thema sind, möchte ich noch erwähnen, daß die gern verwendeten freien Leiterkabel der Halogenstrahler äußerst bedenkliche elektromagnetische Störungen im Raumklima verursachen. Das Gleiche gilt für die erforderlichen Trafos. Auf den Nachttisch bei unserem Schlafplatz gehört auf keinen Fall eine Halogenlampe, ebensowenig ein Radiowecker. Trafo-betriebene Geräte verursachen permanente Störungen unseres körpereigenen Energiefeldes. Der Abstand für derartige Geräte sollte mindestens einen Meter betragen.
Die Epiphyse produziert Hormone, die in "einer noch nicht völlig geklärten Weise in den Haushalt des menschlichen Körpers eingreifen" und "mit großer Wahrscheinlichkeit das Wachstum des Menschen, den Hormonhaushalt, die Sexualfunktionen und noch andere nicht näher zu definierende physiologische Funktionen beeinflussen" (Ärzte-Zitat). Einem anderen medizinischen Fachbuch entnehme ich die lapidare Äußerung, daß die Zirbeldrüse "wohl Stoffe ausscheidet, die uns schläfrig machen können"! Man schwankt also zwischen umfassenden Einflüssen und "keine Ahnung".

Nach den Überlieferungen der indischen Yogis ist die Zirbeldrüse, das 3. Auge, Sitz der geistigen Macht. Mit dieser Kraft "formen wir die Welt nach unserem Bild", daß wir innerlich entwickeln. Wir können geheime Zusammenhänge erkennen, die ganze Palette der PSI-Fähigkeiten entfalten, negative Einflüsse von anderen Menschen abwehren, selbst andere Menschen und Tiere beeinflussen usw. Jede Tierdressur läuft über das 3. Auge. Der Domteur zwingt den wilden Tieren seinen Willen auf. Aus diesem Grund haben die Dompteure eine gleichermaßen starke Wirkung auf Frauen und andere Menschen. Früher war jeder indische Maharadja ein Guru, ein Wissender, der natürlich auch die Jagd, die Dressur wilder Tiere und das Tantra, die vollkommene Vereinigung mit attraktiven Frauen beherrschte. Heute sind die meisten Maharadshas westlich-dekadent. Trotzdem gibt es noch einen gewissen Prozentsatz an indischen Führungskräften, die diese Fähigkeiten bewußt schulen, anwenden und entsprechend erfolgreich sind.
Alle Übungen des Kundalini Yoga dienen dazu, die körperlichen Funktionen, die Gesundheit und die Leistungsfähigkeit zu optimieren, um schließlich die Funktion des 3. Auges zu aktivieren. Es ist ein erhabenes Gefühl, wenn es zum ersten Mal seine Wirkung voll entfaltet! Obwohl das 3. Auge seinen Sitz auf der Stirn hat, mit der Drüsenfunktion der Epiphyse in Verbindung steht und in unserem Kopf sitzt, sind seine Funktionen keineswegs an diesen Ort gebunden. Die "Erweckung des 3. Auges" bedeutet, daß dieses spezielle Energiepotential sich geradezu selbstständig macht. Es ist so, als wenn Sie eine mikroskopische, energetische Kamera besitzen, die Sie an einen beliebigen Ort schicken können, um dort zu beobachten. Mit dem aktivierten 3. Auge können wir unseren eigenen Körper Zelle für Zelle scannen. Wir können perfekter als mit jedem Meßgerät den ganzen Körper scannen und schauen, welche Organe optimal arbeiten oder wo sich vielleicht Störungen befinden. Das 3. Auge kann den Körper verlassen und eine Reise um die Welt oder zu den Sternen antreten. Wir können alles beobachten, fühlen, riechen und hören. Es wird zumeist eine kühle, klare Art der Beobachtung sein. Wir können die Dinge wahrnehmen, in sie hineingehen, auf die atomare Ebene hinabsteigen oder in der

Sonne aufgehen. Es ist das Zentrum der unbegrenzten Wunder. Die typisch menschlichen Emotionen bleiben auf einer anderen Ebene zurück. Wir bekommen nur noch Eindrücke, um welche Emotionen es sich wohl handelt. Wir werden nicht mehr zum Spielball der Emotionen. Wir stehen plötzlich darüber.
Die Zirbeldrüse arbeitet in einem engen Wechselspiel mit der Hypophyse. Wenn sich ein Mensch den geistigen Kräften verschließt und abschaltet, Tabak konsumiert und sich schlecht ernährt, also alles tut, um ein primitiver Typ zu bleiben, dann reagiert die Zirbeldrüse sehr direkt. Ab etwa 25 Jahren beginnt sie zu verkalken. In Röntgenaufnahmen sehen wir dann einen kleinen, weißen Knoten im Gehirn. Diese Menschen leben weiter. Deshalb meinen viele Mediziner, die Epiphyse sei eben zu nichts gut. Auch der nette Spruch, daß jemand wohl "verkalkt" sei, hat hier seine Berechtigung. Wenn die Epiphyse verkalkt ist, gehen die intuitiven, einsichtigen Fähigkeiten verloren. Der Mensch hat dann "ein Brett vor dem Kopf", er ist "vernagelt", er hat "dicht gemacht".
In Sprichworten und Redewendungen erkennen wir sehr gut, was los ist, "allein es fehlt der Geist". Die Erkenntis der Zusammenhänge ist nicht vorhanden, weil niemand diese Dinge irgendwo lernen kann. Bei typisch konservativen Menschen können wir davon ausgehen, daß die Zirbeldrüse verkalkt ist. Sie haben keinen Draht mehr "nach oben", sie fühlen die geistigen Welten nicht mehr und kommen zielsicher zu dem Schluß, daß das "alles Humbug sei" und "Scharlatanerie". Die Aussage der Blinden, daß es keine Farben gäbe, hat nur sehr begrenzt Gültigkeit, nämlich für die Behinderten. Nicht anders ist es um die Mehrheit der etablierten Wissenschaftler und Politiker bestellt. Spätestens nach ihrem Tod werden die Ignoranten der Realität ins Auge sehen müssen. *Wer heute den Kopf in den Sand steckt, knirscht morgen mit den Zähnen!*
Die geistigen Welten sind überall in uns und um uns. Wir leben mittendrin. Es ist uns von der Natur her gegeben, ein Türchen offen zu lassen zu den höheren Welten und zu unseren besonderen mentalen Fähigkeiten. Wenn einer die Perle lieber wegwerfen will, die ihm Gott geschenkt hat, dann bekommt er dafür einen Stein. Zahllose Märchen ranken sich um diese spezielle Geschichte.

Nehmen wir das Märchen von Adam und Eva: Der Baum der Erkenntnis ist unser Nevensystem, das wie ein Baum in unserem Körper existiert. Der Apfel der Erkenntnis, der in der Krone, dem Gehirn hängt, ist die Epiphyse. Der Apfel des ewigen Lebens ist die Hypophyse. Da Eva ihrem Adam den Apfel reicht, müssen wir wohl daraus schließen, daß die beiden sexuellen Tantra betrieben haben. Es gelang ihnen, ihre erotische Energie zu bündeln. Das war der Kick, um die Urkraft aus ihrem Unterleib, die Kundalini, die Schlange der Versuchung (!) zu aktivieren. Da dieses Märchen aus dem Zweistromland aus der babylonischen Zeit stammt und diese Kultur den rituellen Sex zu höchster Blüte entfaltet hatte, paßt doch alles zusammen.
Natürlich ist auch das Märchen von der "Prinzessin auf der Erbse" nichts anderes als ein Einweihungsritual. Die erfahrene Königin testet die etwas heruntergekommene Prinzessin auf die Echtheit ihrer geistigen Fähigkeiten. Nur wer die königliche Macht in seinem Erbgut trägt, wird durch viele Schichten des Bewußtseins hindurch die Epiphyse entdecken. Die Epiphyse hat nämlich die exakte Größe und Form einer Ebse. Erst danach darf der echte Prinz mit ihr ins Bett. Sonst würden seine geistigen Kräfte verdorben. Vorher war der Prinz in der weiten Welt umhergezogen. Zu seinem Kummer hatte er feststellen müssen, daß die meisten Prinzessinen zwar ein Schloß besaßen, also weltliche Macht, aber von Tantra keine Ahnung hatten. Die meisten Adelsgeschlechter sind degeneriert. Niedere Kräfte beherrschen die Welt. Ihr Verstand gibt ihnen die weltliche Macht. Allein, es fehlt der Geist!
Wie sollen wir mit der Zirbeldrüse arbeiten? Sie liegt etwa 8 cm tief unter dem Scheitelpunkt im Zentrum unseres Kopfes. Die genaue Lage können Sie den Bildern entnehmen. Wir können unseren Bauch massieren, um die inneren Drüsen anzuregen. Wir können uns erotisch streicheln, um unsere Sexualdrüsen anzuregen. Ein Schlag auf den Kopf wird kaum die gewünschte Bewußtseinserweiterung herbeiführen, auch wenn leichte Schläge auf den Hinterkopf das Denkvermögen steigern sollen! Das Auflegen der Hand auf der Stirn bewirkt nur eine Beruhigung und keine Aktivitätssteigerung.

Doch die Yogis haben eine verblüffende Methode entwickelt, die in Europa nicht unbekannt ist. Es fehlt nur wieder der Zusammenhang zwischen der Tat und der Funktionsweise.
Von unseren Augen laufen die Sehnerven über kreuz durch das Gehirn zu den Sehzentren im Hinterkopf. Der Sehnerv vom rechten Auge läuft diagonal durchs Gehirn in das Sehzentrum des Kleinhirns links hinten, und der linke Sehnerv verläuft diagonal nach rechts hinten. Wenn wir die Augäpfel nach innen, oben und hinten verdrehen, so daß wir mit geschlossenen Lidern auf die Nasenwurzel schielen, dann dehnen wir die Sehnerven etwas aus. Die Sehnerven werden also etwas nach vorn gezogen. Das hat eine Reizung bzw. eine Massage der Zirbeldrüse zur Folge. Hinzukommt, daß die Augenlidnerven sehr nahe bei der Zirbeldrüse enden und somit ein direkter Wirkungszusammenhang zwischen dem Schließen der Augen und einer Wirkung auf die Zirbeldrüse herzustellen ist.
Die Yogis erkannten, daß ein Mensch, der sich geistig öffnet, oft einen nach oben und nach innen gekehrten Blick hat. Es kann bei völliger Entspannung so weit gehen, daß die Augen nach hinten umkippen. Keine Angst, sie sind noch niemals bei einem Menschen hängen geblieben. Wenn das geschieht, ist ein Mensch völlig in der geistigen Welt. Der Verstand setzt dann tatsächlich aus.
In Europa hat man diese Reaktion bei hypnotisierten Menschen beobachtet. Dr. Schultz baute diese Übung in sein Autogenes Training mit ein. Er nennt die Konzentration auf das 3. Auge die "vertiefte Ruhigstellung zur Einleitung der Oberstufe des AT". Wenn ein Mensch diese Übung anwendet, schüttet die Zirbeldrüse vermehrt ihre Hormone aus. Viele Prozesse in unserem Körper werden aktiviert. Wir werden intuitiver, ruhiger und bewußter, ohne jeden Stress. Wir aktivieren auf diese Weise unsere mentalen Kräfte.
Die "Konzentration auf das 3. Auge" hat eine Sammlung unserer verfügbaren Energie im Kopfzentrum zur Folge. Dabei kann man nichts falsch machen. Machen Sie es einfach!

Zum Verständnis des 3. Auges

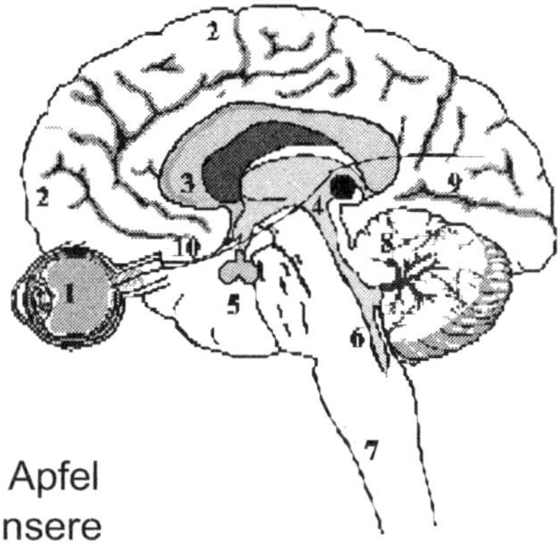

1 Augen und Augenlider
2 In der Großhirnrinde liegt rechts die Intuition und links der Verstand.
3 Das Limbische System steuert unsere Emotionen
4 Die Epiphyse hat viele Namen: Zirbeldrüse, 3. Auge und 6. Chakra. Bei Adam und Eva ist es der Apfel der Erkenntnis. Sie steuert unsere Psi-Fähigkeiten (Siddhis).

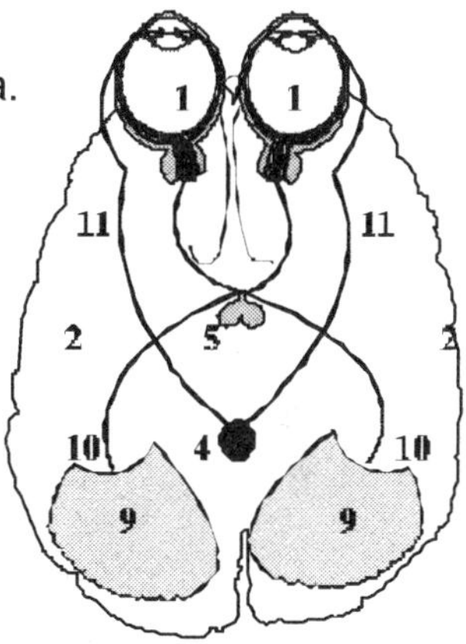

5 Die Hypophyse ist das 7. Chakra. Bei Adam und Eva ist es der Apfel des ewigen Lebens. Sie reguliert den gesamten Hormonhaushalt und ist unsere Brücke zu den göttlichen Ebenen und zur Erleuchtung.
6 Die Formatio reticularis steuert unseren Wachheitsgrad
7 Das Rückenmark ist der "Baum der Erkenntnis"
8 Das Kleinhirn enthält das Bewegungszentrum und das Sexualzentrum
9 Die Sehzentren
10 Die Sehnerven kreuzen bei der Hypophyse. Sie wird durch die "Konzentration auf das 3. Auge" aktiviert.
11 Die Augenlidnerven enden bei der Epiphyse. Ihre Aktivität wird durch halbgeschlossene Augen eingeleitet. Die "Konzentration auf das 3. Auge" verstärkt die Wirkung.

Die Durchführung der Übung

Nehmen Sie eine beliebige Position ein. Schließen Sie Ihre Augen. Verdrehen Sie die Augäpfel und schielen Sie auf einen Punkt 2 cm oberhalb der Nasenwurzel zwischen den Augenbrauen. Sie können einen Finger auf diesen Punkt legen. Dann wird das Gefühl dafür deutlicher. Die Augen müssen so stark verdreht werden, daß es am Augenhintergrund ein bißchen unangenehm zieht. Das ist alles. Behalten Sie diese Position einige Sekunden bei. Tief und ruhig ein- und ausatmen. Zwischendurch können Sie loslassen, die Augen geschlossen lassen und die inneren Gefühle bewußt wahrnehmen. Dann wiederholen Sie die Übung noch einige Male, bis Sie genau wissen was gemeint ist.

Diese Übung sollten Sie von nun an jeden Tag mehrmals wiederholen. Es braucht keine Vorbereitung. Sie können es überall tun. Die Übung wird Depressionen und innere Unruhe gleichermaßen vertreiben. Ihr Hormonhaushalt wird reguliert. Sie fühlen sich ausgeglichener. Sie regen sich nicht mehr so leicht auf. Sie sind besser konzentriert. Ein Mensch, der einen Unfallschock erlitten hat, verdreht auch die Augen. Er fällt um und ist bewußtlos. Seine gesamte Energie sammelt sich innen, um den Schock zu überwinden und den Körper zu heilen. In Notsituationen setzen wir die Übung instinktiv ein. Doch wir sollten es nicht erst dann tun, wenn uns ein Schock aus den Sandalen haut, sondern wir sollten diese besonderen Kräfte vorsorglich entfalten, um z.B. eine gewisse Hellsichtigkeit zu erlangen, mit der wir Unfälle vermeiden und Probleme erkennen, bevor sie uns erwischen, genauso, wie die Brükkenechse ahnt, wenn sie jemand fangen will und flieht, bevor der Jäger kommt. Interessanterweise werden die Brückenechsen sehr zutraulich und erreichen in Pflege ein hohes Alter von 50 Jahren. Daraus können wir weitere Schlüsse ableiten. Sie spüren besser als manches andere Tier, daß der Pfleger nichts Böses will und akzeptieren die Sicherheit des Geheges. Im Größenvergleich wird die 40 cm große Brückenechse jedoch wesentlich älter als andere, gleichgroße Tiere. Das ist ein weiterer Hinweis auf die überdurchschnittliche Aktivität des 3. Auges, dem die Yogis eine besondere Wirkung auf die Länge unseres Lebens zusprechen.

8. Übung: Energie-Regulation

"Wie willst Du Einfluß nehmen, um die Welt nach Deinem Willen zu gestalten, wenn Du nicht einmal die Quellen Deiner eigenen Energie begreifst?"

Es ist von ganz besonderer Bedeutung, daß wir nicht nur lernen, unsere Energie zu aktivieren, sondern sie zu dirigieren. Wir müssen lernen, unsere Energie bewußt zu leiten und einzusetzen. Um das zu begreifen, müssen wir uns etwas mit der Chakralehre befassen. Sicherlich haben Sie schon etwas von den **Chakras** des Menschen gehört. Es sind **Energiezentren in unserem Körper.** Sie sind die aktiven, steuernden Organe unseres Astralkörpers. Die Chakras sind verbunden mit inneren Drüsen und regeln über unseren Hormonhaushalt das Wachstum des Körpers und unsere Gefühle. Das 3. Auge, das ich vorhin so ausführlich beschrieben habe, ist das 6. Chakra. Es gibt insgesamt 7 Hauptchakras, den Herzlotos und zahlreiche Nebenchakras.
In schwierigen Zeiten versuchen die Menschen, vor allem die unteren 3 Chakras stark zu machen. Diese drei Chakras brauchen wir, um unsere körperliche, irdische Existenz zu sichern. Wir brauchen sie, um zu überleben. Wenn wir uns aber zu sehr auf die unteren 3 Chakras konzentrieren, dann werden wir immer mehr zu Tieren, die einfach nur ihr Territorium sichern, essen, trinken und sich vermehren. Alle höheren, edleren Werte, die unser Menschsein ausmachen, gehen dabei verloren. Menschsein beginnt erst ab dem 4. Chakra. Zum 4. Chakra gehört der Solar plexus und die Thymusdrüse. Das ist die innere Mitte des Menschen. Die Kräfte, die im **Anahata Chakra** zum Ausdruck kommen, heißen "Selbstlose Liebe" und "Teilen können". Jede Mutter braucht es, um auf positive Weise ein Kind zu erziehen. Mutter sein bedeutet, etwas von den eigenen Werten abgeben zu können, ohne zu wissen, ob man es zurückbekommt. Auch eine Frau wie Mutter Theresa oder ein Mann wie Mahatma Ghandi wirken beständig mit der Kraft der Liebe, die aus dem 4. Chakra kommt! Nur wenn wir bereit sind, diese Kraft aus unserer Mitte in die Welt fließen zu lassen, werden wir befähigt, die Welt positiv und konstruktiv zu verän-

dern. Wer aus Angst um seine Existenz nicht mehr geben kann, der verliert nach und nach alle Werte: Er verliert seine innere Sicherheit, er verliert seine Gewißheit, daß es sich zu leben lohnt, er verliert seine Menschlichkeit. Eine ausführliche Darstellung der Chakras finden Sie im "Energytraining Band 1" und mit "Gesundheitslexikon der Esoterik"

Übersichtstabelle:
Die 7 Hauptchakras und ihre wichtigsten Funktionen

Chakra	Organ	Funktion	Sitz	Fähigkeit
7	Hypophyse	Erleuchtung	Scheitel	sein, wissen
6	Epiphyse	Psi-Fähigkeiten	Stirn	bestimmen prägen
5	Schilddrüse	Zeitgefühl, Realitätssinn	Hals	erkennen analysieren
4	Thymus	Liebe, Hingabe	Solar plexus	glauben fühlen
Lotos Ananda Kanda	Herzkranz-gefäße	Ego, Güte,	Herz	verstehen verzeihen
3	Pankreas	Macht	Nabel	wollen
2	Ovarien Hoden	Lust, Kreativität	Scham-bein	begehren genießen
1	Uterus Prostata	Selbsterhaltung und Embryonal-wachstum	im Schritt	müssen, vertrauen oder nicht

Vorübung zur Energie-Regulation

Setzen Sie sich ruhig an einen Platz, wo Sie nicht gestört werden. Der Rücken sollte gerade sein. Kranke Menschen können diese Übung im Bett liegend durchführen. Fixieren Sie einen beliebigen Punkt mit den Augen. Konzentrieren Sie sich vollkommen auf diesen Punkt. Geben Sie sich das Gefühl, daß alle Anspannungen in diesen Punkt fließen. Sie werden innerlich immer ruhiger. Schließen Sie Ihre Augen und atmen Sie tief, ruhig und gleichmäßig weiter. Zählen Sie die Sekunden. Ein- und Ausatmen sollte zusammen 15-20 Sekunden dauern, so daß Sie pro Minute nur 3 - 4x atmen. Geben Sie sich das Gefühl, daß Sie innerlich leer werden. Nach etwa 3 Minuten geben Sie sich das Gefühl, daß Sie jeweils beim Einatmen Energie aufnehmen und beim Ausatmen diese Energie bewußt in das 3. Auge leiten. Atmen Sie so lange weiter, bis es dort warm wird. Vielleicht können Sie das Chakra visualisieren. Damit Sie Ihre Energie verstärken können, beenden Sie die Übung in folgender Weise: Tief einatmen, Atem anhalten, die Augen geschlossen lassen und die Augäpfel nach innen oben verdrehen, so daß Sie aufs 3. Auge schielen. Damit ist der Punkt in der Mitte der Stirn, 2 cm über der Nasenwurzel gemeint. Gleichzeitig ziehen Sie alle Unterleibsmuskeln fest zusammen und machen "Mulabhanda". Auf diese Weise blockieren Sie die Energie, damit sie nicht nach unten fließt und den Körper verläßt. Die Lebenskraft (Kundalini) wird nach oben gelenkt und steigt durch die Wirbelsäule in den Kopf, ins 3. Auge. Halten Sie diese Anspannung so lange es geht. Es kann nichts passieren, außer das Ihnen heiß wird. Danach atmen Sie aus, beruhigen Ihren Atem und beobachten Ihre inneren Gefühle und Wahrnehmungen.
Wiederholen Sie die Übung 3x. Wenn Sie die Übung 3x täglich wiederholen, werden Sie bereits nach wenigen Tagen ein neues Lebensgefühl bekommen!

Nutzen Sie die neue Energie, um Ihr Leben schöner zu gestalten! Konzentrieren Sie sich immer wieder auf ein anderes Chakra, bis Sie alle deutlich fühlen können. Eine besonders genau Beschreibung einschließlich farbiger Meditationstafeln finden Sie in meinem "Gesundheitslexikon".
Bei diesen Übungen geht es darum, daß Sie sich und Ihre persönliche Energie besser kennenlernen und verstärken. Es macht Sie gesünder, widerstandsfähiger und liebesfähiger. Nur wenn wir stark und gesund sind, können wir richtig Liebe geben und empfangen.
Wenn Sie gerade von einer Krankheit geplagt werden, dann laden Sie sich zuerst einigen Male mit Energie auf. Anschließend lenken Sie die Energie in den kranken Bereich. Senden Sie mit Ihren Gedanken positive Gefühle in diesen Teil Ihres Körpers. Geben Sie sich und Ihrem Körper das Gefühl, daß alles wieder gut wird, daß alles heilt. Sie können sicher sein, es funktioniert!
Der berühmte amerikanische Krebsspezialist Prof. Dr. Simonton aus New York hat bereits tausenden von Patienten, die von anderen Ärzten aufgegeben wurden, mit derartigen Methoden geholfen. Durch beharrliche Anwendung dieser Übung aus dem Energytraining können wir dahin kommen, daß wir uns und unsere Welt mit neuen Augen sehen. Es ist ein sehr schöner Weg, um unsere Welt aktiv und lebensfroher zu gestalten.
Das Universum enthält eine unglaubliche, überquellende Fülle an Energie, die nur darauf wartet, daß wir sie formen! Es liegt nun in Ihrer Hand, ganz bewußt daran Teil zu nehmen!
In Deiner Welt kann nur das wirken, was in Dir selbst wirkt!
Es ist unsere Aufgabe, uns selbst innerlich, geistig und seelisch zu reinigen, um die Auswirkungen von negativer Energie auf unsere Seele zu unterbinden. Mit dieser Übung können wir die göttliche Kraft, die in uns schlummert, aktivieren!
Viele Menschen leiden unter der Angst vor dem Verlust von Anerkennung und Liebe. Das ist immer ein Zeichen der Schwäche, ein Mangel an Energie. Dabei tragen wir die Liebe und die Kraft der Selbstheilung in uns selbst! Wir können aus unserer Umgebung nur die Liebe zurückbekommen, die wir selbst zu geben bereit sind. Es ist unser inneres Licht, das auf uns selbst zurückstrahlt:

Sende ein Lächeln in die Welt, und es kehrt tausendfach zu Dir zurück!
Durch die Anwendung dieser Übungen gewinnen wir ein neues Gefühl für unseren eigenen Körper, für unsere eigene Lebenskraft. Auf der zweiten Stufe lernen wir, diese Energie bewußt zu verstärken und zu regulieren. Die dritte Stufe besteht darin, daß wir die neu gewonnene Energie bewußt einsetzen. Als erstes sollten wir unseren Körper gesund machen. Als zweites sollten wir unsere Umgebung in Ordnung bringen. Nähren Sie die Überzeugung, daß die Welt gut ist! Es mag viele Probleme geben, aber sie sind eine Herausforderung. Nehmen Sie die Herausforderung an, und lösen Sie die Probleme auf. Nutzen Sie Ihre neue Energie, um Ihre Umwelt positiver zu gestalten. Helfen Sie anderen Menschen bei der Lösung Ihrer Probleme. Geben Sie ihnen etwas ab von Ihrer neuen Kraft. In dem Maße wie Sie bereit sind, die gewonnenen Kräfte helfend einzusetzen, wird ständig mehr kosmische Energie nachfließen. Sehr bald schon sind Sie in der glücklichen Lage, daß Sie alle Ihre großen Ziele realisieren können! Denken Sie in diesem Zusammenhang an das Sprichwort "Geteilte Freude ist doppelte Freude, geteiltes Leid ist halbes Leid". Es entspricht der Realität.

Das vollständige Programm der Energie-Regulation

* Punktsehen zur Ruhigstellung.
* Tief und ruhig atmen für die innere Harmonie und die Regeneration.
* 1-3 Minuten Feueratem.
* Tief einatmen, den Atem anhalten, Konzentration auf das 3. Auge und gleichzeitig Mulabhanda anspannen.
* Den Atem möglichst lange anhalten bei voller Konzentration!
* In Gedanken die Energie sammeln
* Beim Ausatmen den Atem langsam gehen lassen und die Energie an die gewünschte Stelle im Körper senden.
* Bei Bedarf die Energie-Verstärkung durchführen (siehe folgende Seite!).

Die **Energie-Verstärkung** wird folgendermaßen durchgeführt: Nachdem Sie bei voller Anspannung den Atem und die Konzentration gehalten haben, sammelt sich die Energie im Kopf. Anschließend atmen Sie vollständig aus und lassen die Lunge leer. Die Zähne zusammenpressen. Die Lippen fest geschlossen. Die Hände werden zu Fäusten geballt. Sie behalten die Anspannung bei und lassen die Lunge leer, bis es wirklich nicht mehr geht. Das führt zu einer intensiven Reinigung der Lungenbläschen und zu einer optimalen Verteilung der Energie im ganzen Körper. Das innere Gleichgewicht wird optimiert. Danach erneut tief einatmen und die ganzte Übungen oder einen Teil davon wiederholen.

Intensivprogramm

Führen Sie die oben geschilderte Übung durch. Die Energie sammelt sich im 3. Auge. Die Luft lange einhalten. Dann voll ausatmen und die Lungen leer lassen. Wiederum Mulabhanda machen und dabei pumpen. Das bedeutet, Sie spannen die Unterleibsmuskeln abwechselnd fest an und lassen wieder los , bis Sie wieder einatmen müssen. Voll einatmen, die Luft einhalten, das 3. Auge fixieren und Mulabhanda pumpen bis es nicht mehr geht. Ausatmen, die Lungen leer lassen und pumpen bis es nicht mehr geht, einatmen und noch einmal von vorn.
Auf diese Weise wird der gesamte Organismus durchgeputzt und auf Höchstleistung gebracht. Die Verwertung von Nahrungsmitteln, die Ausnutzung des Sauerstoffs in der Luft, die Ausscheidung von Abgasen (Kohlendioxid) wird optimiert. Hinterher sind Sie auf wunderbare Weise harmonisch und ausgeglichen. Jedes Zipperlein verschwindet, jede Apathie wird vertrieben. Mit diesem Intensivprogramm sollten Sie jedoch nicht sofort beginnen. Folgen Sie Schritt für Schritt den Erläuterungen in diesem Buch, bis Sie nach einigen Wochen ein gutes Gefühl für die Programme und ihre Wirkung entwickelt haben.
Danach steht Ihnen die ganze Welt offen. Treten Sie ein in das Zeitalter des Neuen Menschen!

Psychokybernetik: Gedankenkontrolle

Wenn Sie auf diese Weise lernen, mehr Energie aufzunehmen, dann sollten Sie auch lernen, verantwortungsvoll mit der neuen Energie umzugehen. Wir wollen die ethische Seite nicht vergessen. Stellen Sie sich vor, wir würden jedem Menschen bei uns eine Kiste voll Waffen in die Wohnung stellen. Es würde zweifellos eine erhebliche Zunahme der Gewalt geben. Die Primitiven und die Aggressiven würden die Chance nutzen. Die Hysterischen ziehen mit und bald gibt es mehr Todesfälle und Verbrechen als je zuvor. Es ist durchaus sinnvoll, gewisse Dinge zu beschränken.

Die geistigen Kräfte können auch Schaden anrichten. Es ist uns nicht erlaubt, ungefragt in das Leben anderer Menschen hineinzupfuschen. Wenn ein anderer Mensch krank ist, sollten wir ihn nicht heimlich zu heilen versuchen, sondern nur, wenn er uns darum bittet. Er braucht diese Offenheit so notwendig wie wir selbst. Außerdem ist es nicht gestattet, sich in das intime Leben fremder Menschen einzumischen. Kurzum, es ist nur das erlaubt, was ganz legal, bei Tageslicht und in aller Öffentlichkeit statthaft wäre. Wer nach den Siddhis greift, muß bereit sein, Disziplin zu üben. Sonst wenden sich die mentalen Kräfte gegen ihn selbst. Wohin wir kommen, wenn die Menschen diese Kräfte auf eine primitive Weise einsetzen, sehen Sie an Indien, Ostasien und Afrika. Viele Schamanen verfügen dort über magische Kräfte. Wenn ethisch unausgereifte Menschen mit derartigen Kräften Schwarze Magie oder Voodoo praktizieren, dann wird im Laufe der Jahrhunderte die ganze Gesellschaft zerrüttet. Schwarze Magie ist nichts anderes, als der Einsatz derartiger Kräfte gegen andere Menschen oder Tiere. Wenn wir andere Wesen schädigen, ohne die zwingende Notwendigkeit der Selbstverteidigung, dann schädigen wir uns selbst und lasten uns Karma auf.

Karma ist, wörtlich aus dem Sanskrit übersetzt, die "Mutter der Handlungen". Das soll bedeuten, was auch immer wir tun, hat Auswirkungen, und für diese Auswirkungen sind wir verantwortlich! Das gilt natürlich ebenso für Unterlassungen. Es ist das Gesetz von Ursache und Wirkung.

Das 1. Gebot bei der Nutzung dieser Kräfte lautet:
"Verletze niemand, weder andere, noch Dich selbst!"

Das 2. Gebot für die Anwendung magischer Kraft lautet:
"Tue Gutes!" und "Teile Deinen Wohlstand mit anderen!"

Das 3. Gebot lautet: "Lebe als Vorbild und halte diese Macht in Ehren, auf daß andere Dir nacheifern mögen!"

Die Praxis der Gedankenkontrolle

Der erste Schritt zu diesem neuen Leben und zu einer gewissenhaften Anwendung dieser enormen Kräfte ist die Gedankenkontrolle.

1. Stellen Sie sich innerlich darauf ein, daß Sie einen inneren Wächter haben, der darauf achtet, was Sie denken. So lange Sie positiv denken, merken Sie gar nichts von Ihrem Wächter. Wenn sich jedoch negative oder zweifelhafte Gedanken einschleichen, dann sagt der innere Wächter: "Halt! Stop! Diese Gedanken sind nicht in Ordnung!" Am Anfang mag das etwas abstrakt erscheinen, aber Sie können wirklich derartige Kontrollprogramme in Ihrem Unterbewußtsein installieren, einfach indem Sie es sich in der Ruhephase nach dem Atemtraining ganz fest vornehmen!

2. Freuen Sie sich ab sofort über jeden falschen Gedanken, den Sie entdecken! Freuen Sie sich über die neue Beobachtung. Beginnen Sie damit, sich innerlich zu reinigen. Stellen Sie sich vor, daß Sie bei jeder körperlichen Reinigung die negativen Gedanken mit fortspülen. Beim Hände waschen, beim duschen, auf der Toilette. Wenn Sie Ihr Haar bürsten denken Sie sich: "So wie ich meine Haare straffe und ordne, ordnen sich auch meine Gedanken!" Stellen Sie sich lebhaft vor, wie mit dem Duschwasser alles Negative von Ihnen abfließt, durch den Syphon rauscht und nach einem

langen Weg durch die dunklen Kanäle als Nährstoff für die Blumen und Pflanzen auf der Wiese zurückkehrt! Auf diese Weise bekommt alles einen Sinn!
"Wie sollte der Lotos seine wundervollen Blüten entfalten, wenn nicht zuvor sein Samen in den Faulschlamm der Teiche versenkt wird? Das, meine Seele, soll Dein Gleichnis sein! Aus dem Licht bist Du geboren, in die dunklen Tiefen des Erdenlebens bist Du hinabgestiegen, um dich zu läutern, um genährt von der Erkenntnis des Lebens wieder zum Lichte emporzusteigen!"

3. Die Aufzeichnung von allen Wahrnehmungen, zu denen unser Körper, unsere Seele und unser Geist fähig sind, läuft ständig! Mit unserer Aufmerksamkeit wählen wir die Bilder, Gedanken und Gefühle aus, die in unser Bewußtsein treten. Wir wählen aus, welchen Gedanken und Bildern wir Bedeutung beimessen oder nicht. Nur die bewußt oder unbewußt ausgewählten Bilder werden von der kosmischen Energie geprägt. Sie nehmen Gestalt an und treten aktiv in unserem Leben in Erscheinung! Die kosmische Energie ist allgegenwärtig und fließt ständig!
Durch meine Aufmerksamkeit entscheide ich, was sich realisiert! Ich entscheide, worauf ich meine Aufmerksamkeit richte. Auf diese Weise entscheide ich, was zur Ursache wird. Ich entscheide, ob ich meine Aufmerksamkeit auf etwas richte und von welchem Standpunkt aus ich die Sache betrachte. Somit entscheide ich, was ich sähen will.
Sähen kann jeder was er will, aber ernten muß er das, was er gesät hat! Wer Disteln sät, kann keine Sonnenblumen ernten!
Nutzen Sie die neue Energie, die Sie mit den Atemübungen gewinnen, um in diesem Sinne Ihr Leben positiv zu ordnen und zu verschönern!

Atmung ist Leben, und Leben ist Energie!

9 . Übung:
Die Beherrschung der Lebensenergie durch Pranayama

"Gib Dich hin. Werde Teil Deiner Energie.
Gib Dich ganz hin, und Du wirst erkennen: Du bist die Energie."

Das Programm der Energie-Regulation ist bereits eine Form des Pranayama. Es ist jedoch eine relativ drastische Form. Die Bedeutung der Energie-Regulation liegt im Wesentlichen in der akuten Selbsthilfe für gestörte Kulturmenschen. Unsere Umwelt, die Zivilisation unserer Städte mit Smog, Schmutz, Lärm und tausendfältigen Zerstreuungen kostet uns sehr viel Energie. Aus diesem Grund ist das 8. Übungsprogramm eine ganz konkrete Hilfe für uns. Ebenso ist es eine wertvolle Hilfe für alle kranken und schwachen Menschen. Wenn die schlimmsten Probleme behoben sind, dann können wir von der akuten Soforthilfe zu einer etwas sanfteren und feineren Form des Pranayama übergehen. Pranayama bedeutet ja "Beherrschung der reinen Energie". Über die Regulation unserer Lebenskraft gewinnen wir Einfluß auf unseren Körper, der das Fahrzeug unserer Seele ist. Mit einem guten Fahrzeug können wir die Reise dieser Inkarnation auf eine erfreuliche und befriedigende Weise erfüllen und beenden. Wir erreichen mit Pranayama das Ziel unseres Lebens, wenn wir es richtig anwenden. Pranayama ist der Weg, um über die Atemregulation die eigene Energie richtig zu dosieren und anzuwenden. Das Ergebnis ist innere Harmonie und Harmonie mit der Umwelt. Weiter vorn hatte ich bereits die Bedeutung des Prana beschrieben. Die Pranapartikelchen werden beim Einatmen direkt an der Nasenwurzel aus der Luft entnommen und in unseren Astralkörper eingespeist. Aus diesem Grund ist es offensichtlich, daß die Funktion des 3. Auges direkt mit der Aufnahme von Prana in Verbindung steht. Wenn ein Mensch optimal funktioniert, dann nimmt er so viel Prana auf, wie er für ein gesundes und erfolgreiches Leben braucht. Gerät er in Konflikte mit seinen eigenen Zielen oder mit seiner Umwelt, dann drosselt er die Aufnahme von Prana. Die Folge ist automatisch eine generelle Schwächung seiner individuellen Energie.

Auch unser Astralkörper verschleißt sich in geringem Maße. Er muß ebenso genährt und entwickelt werden wie der physische Körper. Unterbleibt diese Energiezufuhr, treten nach und nach gesundheitliche und seelische Störungen auf. Das Energiegefüge des Astralkörpers wird durchlässig für Störungen. Energetische Wechselwirkungen mit anderen Kraftfeldern machen uns zuschaffen.
Im Klartext bedeutet das, wir werden anfällig für Infektionen aller Art und für negative Einflüsse durch andere Menschen. Unser Körper kann keinen Widerstand mehr leisten und beginnt sich aufzulösen. Typische Krankheitsbilder sind Infektionskrankheiten und Krebs. Jede Mikrobe hat ihr individuelles Kraftfeld. Sie kann eine andere lebende Zelle nur angreifen und auflösen, wenn diese Zelle schwach ist. Überall in unserer Umwelt gibt es ungeheure Mengen an mikroskopischen Lebensformen, Sporen von Pilzen, Bakterien und Viren. Wir atmen ständig derartigen Schmutz ein. Trotzdem fallen wir nicht gleich mit tot um.
Solange unsere Energie stabil ist, geschieht gar nichts. Das mikroskopische Kraftfeld der fremden Eindringlinge wird von unserem eigenen Kraftfeld kompensiert. Erst danach können unsere weißen Blutkörperchen die feindlichen Zellen auflösen. Ist unsere individuelle Energie schwach, dann vermehren sich die Krankheitserreger schneller, als die eigene "Gesundheitspolizei" sie vernichten kann. Aids bedeutet, daß das Energiefeld eines Menschen bereits ausgesetzt hat. Die HIV-Viren sind nicht die Aids-Erreger. Wenn wir alle gesunden Menschen untersuchen würden, dann würden wir eine ganze Menge Menschen entdecken, die HIV haben und trotzdem ganz normal weiterleben.
Die medizinische These ist ein Trugschluß. Aids als Infektion existiert nicht! Das ist der Grund, warum die meisten "Aids-Infizierte" inzwischen seit 10 - 20 Jahren überlebt haben. In der Zeitschrift "Raum & Zeit" sind immer wieder Berichte von renommierten Wissenschaftlern erschienen, die genau nachweisen, daß Aids eine Konstruktion von habgierigen, verantwortungslosen Ärzten und Pharmavertretern ist (u.a. Ausgabe 58/92 und 86/97). Die Krankheitsmaffia hat alles im Griff. Kritische Berichte haben kaum eine Chance, auch nur veröffentlicht zu werden. Aids ist keine Infektion.

Während von 100 diagnistizierten Aids-Fällen inzwischen 96% überleben, sterben die Patienten, die man mit dem einzigen "Aids-Medikament" AZT behandelt in der Regel innerhalb von 5 Jahren. Wenn man den Berichten in Raum & Zeit glauben darf, ist das Mord aus niederen Beweggründen. Interessanterweise gibt es ein billiges, harmloses Mittel gegen die Immunschwäche: Das ätherische Öl von Patchouli und Sandelholz. Die Inder sind darauf gekommen, weil sie sich das teure amerikanische AZT nicht leisten können. Patchouli und Sandelholz stärken ganz offensichtlich den Immunprozeß im Körper, bekämpfen Krankheitserreger aller Art und die tot gesagten Aids-Patienten erwachen zu neuer Lebensfreude, wenn sie nicht der chemischen Keule der Pharmakonzerne und der Ärzteschaft zum Opfer fallen.
Das Krankheitsbild der Immunschwäche entsteht, wenn es eine Lücke im Astralkörper gibt. Drogenabhängige und schlecht ernährte Menschen sind besonders gefährdet, weil Drogen die Epiphyse und die Hypophyse mit Stoffen überladen, die der Körper mit viel Training und Mühe allein aufbauen kann. Durch intensives Training des Kundalini Yoga oder durch intensive Praxis des von mir entwickelten Energytrainings können wir außergewöhnliche Reaktionen des 3. Auges erzeugen, die den Drogenerfahrungen ähnlich sind, ohne jedes Risiko. Wenn ein Mensch durch die Anwendung harter Drogen seine geistigen Sensoren überlastet, dann schädigt er die Verbindung zwischen seinem organischem Körper und dem Astralkörper.
Kokain wird z.B. geschnupft. Seine Wirkung setzt in der oberen Nasenscheidewand ein, genau dort, wo normalerweise Prana assimiliert wird. Durch Kokain nimmt der Körper geradezu schockartig Prana auf. Die chemische Droge erzeugt einen Pranaschock. Aus diesem Grund sind Kokainsüchtigen eher brilliant intellektuell und kaum emotional aktiviert. Es wird eine Teilfunktion der Siddhis ausgelöst. Die Benutzer können zeitweilig sehr erfolgreich sein, z.B. im Börsengeschäft oder in der Computerbranche. Aber die Verwendung von Kokain zerstört das normale Gefüge der Prana-Assimilation. Sie leben auf Kredit. Wenn sie nicht sehr acht geben, brennen sie innerhalb von ca. 15 Jahren aus. Dann beginnt ein akutes "Aids-Risiko", also das Risiko einer erhöhten Immunschwä-

che. Die leiseste Infektion kann sie umwerfen. Die geistigen Höchstleistungen werden ersetzt durch geistige Verwirrung. Die emotionale Komponente geht verloren. Die ethischen Grundwerte werden ignoriert. Das Ergebnis ist eine elitäre, egoistische Haltung, die bei Drogengenuß über allem zu stehen scheint und zusammenbricht, sobald kein Schnee mehr fällt. Dann beginnt die Eiszeit der Seele, eine extreme Einsamkeit und ein langsames Sterben.

Die Praxis des Pranayama

"Schleife den Diamanten Deines Bewußtseins mit dem Hauch Deines Atems, bis sich der Regenbogen des Lebens in allen seinen Facetten bricht!"

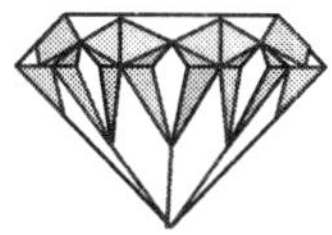

Nachdem Sie einige Zeit mit den zuvor beschriebenen Übungen gearbeitet haben, können wir davon ausgehen, daß Sie recht gut in Form sind. Es geht nun darum, daß Sie sich einen feineren Schliff geben. Sie kennen die starken Erfahrungen. Sie sind ruhiger, aufmerksamer und bewußter geworden. Ihr Körper ist gut in Form. Nehmen Sie eine aufrechte Haltung ein. Lassen Sie Ihren Atem ruhig fließen und achten Sie darauf, wie er fließt. Durch welches Nasenloch atmen Sie jetzt? Rechts, links oder durch beide Nasenlöcher zugleich? Jeder Mensch hat verschiedene bevorzugte Atemweisen. Trotzdem schaltet unsere Nase regelmäßig um. Ein Nasenloch hat fast immer Priorität. Durch das linke Nasenloch fließt die Energie zur rechten, intuitiven Großhirnhälfte. Durch das rechte Nasenloch fließt sie nach links zum Verstand. Beide zugleich schaffen mehr Energie herbei und zeugen von innerer Konzentration und Wachsamkeit. Seite 46 ff. finden Sie eine Tabelle mit den verschiedenen Wirkungen. An der Tabelle können Sie sich für die Praxis orientieren.
Nehmen Sie nun die rechte Hand zur Nase. Der Daumen liegt am rechten Nasenflügel, der kleine Finger am linken Nasenflügel. Mit den Fingern können Sie regulieren, daß der Atem in der ge-

wünschten Weise fließt. Halten Sie abwechselnd das eine Nasenloch zu. Machen Sie nun die folgende Übung. Wenn Sie danach die Augen öffnen, werden Sie bemerken, daß sich die Umwelt etwas verändert hat. Sie werden Ihre Umwelt vermutlich heller und brillianter wahrnehmen.

Die einzelnen Schritte des Pranayama

* rechts einatmen, 8 Sekunden anhalten,
* links ausatmen, 4 Sekunden leer lassen,
* links einatmen, 12 Sekunden anhalten,
* rechts ausatmen, 8 Sekunden leerlassen,
* rechts einatmen, 16 Sekunden anhalten,
* links ausatmen, 12 Sekunden leerlassen,
* links einatmen, 20 Sekunden anhalten,
* rechts ausatmen, 16 Sekunden leerlassen,
* beide Nasenlöcher einatmen, 24 Sekunden anhalten, dabei das 3. Auge fixieren und Mulabhanda anspannen,
* beide Nasenlöcher ausatmen, 20 Sekunden leer lassen,
* beide Nasenlöcher voll einatmen, anhalten solange es geht, dabei das 3. Auge fixieren und Mulabhanda anspannen. Geben Sie sich das Gefühl, daß die Energie der Kundalini aus dem Wurzelchakra an der Basis der Wirbelsäule durch die Wirbelsäule hochsteigt bis in den Kopf. Wenn es im Po, im Rücken oder im Kopf heißt wird, wenn es plötzlich ganz hell wird im Kopf, dann haben Sie das bewirkt, was man eine Erleuchtung nennt. Dann öffnet sich das 6. oder 7. Chakra und Sie erreichen eine neue Wahrnehmungsebene. Es wird so lange anhalten, wie die Energie reicht, die Sie soeben mobilisiert haben.
* Anschließend die Augen öffnen, die Arme nach oben strecken und die Hände ausschütteln. Frei atmen und die Welt bewußt wahrnehmen. Unternehmen Sie etwas! Seien Sie aktiv oder träumen Sie von Ihren großen Zielen. Sei jetzt ganz Du selbst!

Die hier geschilderte Form des Pranayama zielt auf eine bewußte Aktivierung unserer geistigen Fähigkeiten. Sie dient der Bewußtseinserweiterung, der Bewußtwerdung des mündigen und erwachsenen Menschen. Mit diesen Übungen lernen Sie Ihre Energie zu regulieren. Kranke Menschen sollten sich mit einem Rhythmus von 8-8-8-4 (ein-stop-aus-leer) begnügen, ihre Energie studieren und schrittweise aufbauen.
Nach den ersten, grundlegenden Erfahrungen muß jeder Mensch seinen eigenen Takt bestimmen. Durch die Praxis dieser Atemübungen ist es möglich, die Atmung dauerhaft auf einer Frequenz von 4-8 Atemzügen pro Minute zu stabilisieren. Das hat automatisch zur Folge, daß Ihr Körper ruhiger und harmonischer funktioniert. Er regeneriert sich auch tagsüber, nicht nur bei Nacht. Sie werden ruhiger schlafen und bessere Träume bekommen, denn die Träume sind stets ein Spiegel der Seele. Wenn wir unsere Aufgaben leichter lösen, dann bekommen wir zur Belohnung süße Träume.
Eine niedrige Atemfrequenz bedeutet, daß wir uns weniger verschleißen. Das heißt wiederum, daß wir langsamer altern und länger leben. Vor allem wird die Freude am Leben zunehmen. Die Immunreaktionen werden stabiler, die Phantasie und die Kreativität steigt. Das Leben wird optimiert. Falls jemand aus Ihrem Bekanntenkreis gesundheitliche Probleme hat, vielleicht sogar "Aids" oder Krebs, dann empfehlen Sie ihm dieses Buch. Mit einem starken Willen und diesen Methoden hat er eine Chance, den Tod bezwingen und das Leben zurückzugewinnen! Wir kennen einige Fälle von Krebs, bei denen sich die Betroffenen so gut stabilisiert haben, daß sie keine Behandlung mehr brauchen. Die Ergebnisse sind überzeugend. Es kommt darauf an, was der Einzelne daraus macht. Nähere Einzelheiten zu derartigen Erfolgen finden Sie in dem Buch von Dr. Simonton "Krebs". Er appelliert ebenfalls erfolgreich an den Überlebensinstinkt des Menschen.
Untersuchungen in Russland haben folgende Ergebnisse gebracht: In Kirgisien und im Kaukasus gibt es überdurchschnittlich viele Menschen, die mehr als 100 Jahre als sind, einige sollen sogar über 140 Jahre alt sein. Diese Menschen nutzen folgende Vorteile: Einfache, überwiegend vegetarische Kost, viel frische Luft,

karges Leben, keine Zentralheizung, keine Genußmittel wie Tabak, Alkohol und Zucker, tiefe ruhige Atmung, fast keine Umweltbelastung in der Luft oder in der Nahrung.
Alles das läßt sich bei uns nicht mehr realisieren, aber wir können die persönlichen Bedingungen verbessern durch Atemkontrolle und indem wir alle Faktoren beachten, die unsere Gesundheit betreffen.

Liebe und Sexualität

"Wenn der Atem stockt, stockt alles. Atemkontrolle ist die Grundlage einer erfüllten, bewußten Sexualität."

Was wäre das Leben ohne Liebe? Wir werden geboren, weil unsere Eltern miteinander geschlafen haben. Manche werden sagen, daß Liebe und Sex zweierlei Dinge sind. Doch so ganz läßt es sich nicht voneinander trennen. Der Verstand in unseren Köpfen mag es anders empfinden! Der Verstand ist ein ziemlich dummes Instrument, wenn es um die Liebe geht, um die Anziehung zwischen Mann und Frau. Liebe ist Affektion, Liebe ist eine magische Anziehungskraft zwischen den Geschlechtern. Allein der Gedanke an erotische Abenteuer läßt unser Herz schneller schlagen und unseren Atem tiefer werden. Innere Kräfte werden mobilisiert. Hormone werden ausgeschüttet. Was uns da in Bewegung versetzt, ist pure Lebensfreude! Das Leben selbst verspürt einen unwiderstehlichen Drang nach Vereinigung und Vermehrung!

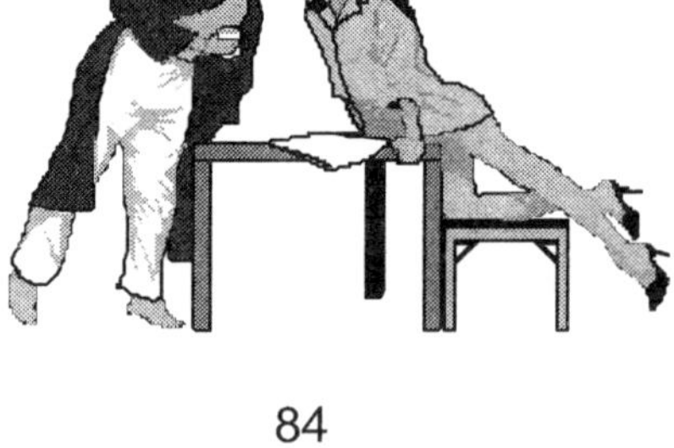

Es ist lächerlich, die Kraft der gegenseitigen Anziehung wegdiskutieren zu wollen. Alle ideologischen Systeme, die die Liebe verneinen, die Sex verbieten wollen und die Beziehungen zwischen Mann und Frau als etwas schlechtes einstufen, können leicht als pervers entlarvt werden. Wer derartigen religiösen oder politischen Irrlehren anhängt, demonstriert schnell seine eigenen Ängste und Perversionen: Inquisition, Folter, KZ, Machtmißbrauch und Polizeistaat sind die Folgen. Der Zusammenhang zwischen sexuellem Frust und Aggression ist oft genug von fähigen Analytikern definiert worden. Ich muß hier nicht in die Einzelheiten gehen.
Wenn wir die Trübsal aus unserem Leben vertreiben wollen, wenn wir Aggressionen ablegen wollen und lernen wollen, das Leben zu genießen, dann sollten wir die Liebe und die Sexualität nicht ausklammern, sondern genießen. Die Tatsache, daß verkrampfte Menschen oft nur noch nach einem sexuellen Erlebnis locker und entspannt sein können, spricht Bände! Kein Wunder, daß der Drang nach Sex so gewaltig ist. Es ist eine Droge! Denn Sex kann nur stattfinden, wenn gewisse Hormone ihre anregende Wirkung entfalten. Synthetische Drogen sind heute so beliebt, weil viele junge Menschen so verklemmt sind, daß sie nur noch mit Drogen den Weg freimachen können zu erotischen Erfahrungen. Und der Massenkonsum an Tabak und Alkohol, den Standarddrogen der erwachsenen Menschen, ist auf die zunehmende Langeweile in der Ehe zurückzuführen. Menschen in einer glücklichen Beziehung brauchen keine anderen Drogen. Die glückliche Beziehung produziert die erregenden Substanzen im Körper der Liebenden!
Wenn wir beim Vorspiel und beim Liebesakt unsere Atmung beobachten und kontrollieren, können wir die Dauer des Geschehens und den Höhepunkt hinausschieben. Die Intensität der Atmung des Liebespartners, bzw. der Liebespartnerin beeinflußt unsere eigenen Reaktionen. Ziel des natürlichen Zusammenspiels ist der gemeinsame Höhepunkt. Was uns zur Vereinigung drängt, ist die Hoffnung, ab und zu eine echte geistige Einheit zu erlangen.
Wer die zuvor beschriebenen Atemtechniken in der Liebe anwendet, wird eine ganz neue Dimensionen des Orgasmus erreichen. Atme kurz vor dem Orgamus tief ein, halte den Atem vollständig an. Mache Mulabhanda und konzentriere Dich aufs 3. Auge. Fühle

den/die Partner(in) ganz intensiv, und sei trotzdem ganz Du selbst. Alles stoppt. Wenn Du dann losläßt, scheint sich die Zeit zu dehnen, traumhafte Visionen können auftreten und wir schweben durch geistige Welten, jenseits von Raum und Zeit, bis uns die Erde wieder einfängt.
Mit der Macht einer intensiven Vereinigung kannst Du die Gedächtnissperre zu früheren Erdenleben durchbrechen und Wahrnehmungen gewinnen an frühere euphorische Erlebnisse. Das Glück der Vereinigung kann sehr wohl gesteigert werden. Probieren Sie es aus. Es geht nicht um sexuelle Akrobatik und auch nicht darum, den Partner irgendwie zu dirigieren, sondern es geht um die Intensivierung des eigenen Erlebens.

Schwangerschaftstraining und leichte Geburt

Eine Schwangerschaft ist die beste Gelegenheit, um die hier geschilderten Atemtechniken einzusetzen. Dabei gilt es einiges zu beachten. Um die Vorteile zu nutzen und Probleme zu vermeiden, lesen Sie bitte dieses Kapitel. Das größte Problem in der heutigen Zeit ist der verkrampfte und gestreßte Zustand der jungen Mütter. Streß und Verkrampfung belasten Mutter und Embryo. Hinzu kommt, daß die Versorgung der Menschen mit B-Vitaminen sehr schlecht ist. Das wirkt sich auf Embryos besonders stark aus. Der Vitaminbedarf einer werdenden Mutter ist doppelt so hoch wie bei einem anderen Menschen. Englische Ärzte vermuten einen direkten Zusammenhang zwischen zahlreichen Geburtsfehlern, Mißbildungen, frühkindlichen Schwierigkeiten und Vitaminmangel.
Die Situation für Neugeborene in Deutschland ist keineswegs die Beste auf der Welt, was man bei unserem hohen Bildungsniveau in allen Bereichen der Wissenschaft erwarten sollte. Die medizinischen Vorsorgeuntersuchungen sind keineswegs die optimale Lösung. Wir haben es selbst mehrfach erlebt, daß Ärzte die jungen Mütter verunsichern, verängstigen, ohne triftigen Grund zu Kaiserschnitt-Operationen drängen und generell ein Klima der Angst verbreiten, als ob nicht tausende von Generationen ohne je-

den Arzt Kinder bekommen hätten. Es ist sicherlich sinnvoll, anfangs und bei guter Entwicklung alle 2-3 Monate eine Untersuchung machen zu lassen. Mehr ist kaum erforderlich. Und selbst das kann man in Frage stellen. Ich kenne einige Frauen, die nur einmal im ca. 4. Monat zur Untersuchung gegangen sind und dann kurz vor der Geburt eine Hebamme informiert haben. Schwangerschaft sollte die natürlichste Sache der Welt sein. Es ist keine Krankheit, wie viele Ärzte den Frauen einreden wollen.
Eine sehr wichtige Untersuchung, die heute ohne weiteres möglich ist, wird bisher viel zu wenig gemacht. In Zweifelsfällen, wo der Verdacht einer Mißbildung gegeben sein könnte, sollte eine Fruchtwasserpunktion durchgeführt werden, um Kinder mit genetischen Schäden gar nicht erst ausreifen zu lassen. Die Belastung der Eltern mit schwer geschädigten Kindern über ein ganzes Leben hinweg ist nicht zu verantworten. Die Einzigen, die von der systematischen Pflege von genetisch Behinderten einen Vorteile haben, sind Ärzteschaft, Pharmaindustrie, Pflegeeinrichtungen und Krankenkassen.
Es kann nicht unser Ziel sein, Mißbildungen zu züchten. Eltern sollten die Chance bekommen, gesunde Kinder aufzuziehen. Auf Grund der starken Umweltbelastungen mit Pestiziden und radioaktiven Abfällen ist mit einer ständigen Zunahme derartiger Mißbildungen zu rechnen. Hier liegt ein durchaus sinnvoller Einsatzbereich der Genforscher, der schon lange funktioniert.
Viele Menschen haben heute Eisenmangel im Blut und folglich eine zu geringe Sauerstoffversorgung. Das wirkt sich bei Schwangeren besonders ungünstig aus. Das Gehirn des Embryos kann bereits geschädigt werden. Es entwickelt sich nicht normal. Dafür braucht die Mutter zum einen genügend Vitamin B 12, zum anderen Feueratem. Durch Feueratem steigt die Energiekonzentration im Körper. Die Energie muß irgendwie gebunden werden. Der Körper nimmt mehr Eisen aus der Nahrung auf. Die Assimilation von Eisen aus Medikamenten ist so gut wie sinnlos. Ich habe 1978 an einem Forschungsprojekt in der Universitätsklinik Eppendorf in Hamburg mitgearbeitet. Dort wurden seinerzeit alle auf dem Markt befindlichen Eisenpräparate getestet. Wir konnten für kein einziges Präparat eine deutliche Wirkung nachweisen. Alle positiven Be-

scheinigungen waren Zugeständnisse an die Industrie. Das positivste daran war vermutlich, daß diese Präparate keinen Schaden anrichten, im Unterschied zu anderen Medikamenten. Die Ursache ist meiner Meinung nach darin zu sehen, daß Eisen das "Kernstück des biologischen Magnetismus" darstellt. Nur wenn die Energie stimmt, nimmt der Körper Eisen auf. Wer etwas Fleisch ißt, kann dem darin enthaltenen Blut Eisen entnehmen. Aber auch das verweigern manche Menschen. In Hamburg wurden sogar Versuche mit Freiwilligen gemacht, die radioaktiv präpariertes Schweinefleisch aßen. Die Ergebnisse waren dürftig bis wertlos, zumindest zu der Zeit, als ich dort gearbeitet habe. Wenn der Geist eines Menschen sich aus der Umwelt zurückzieht, wenn ein Mensch den Lebensmut verliert, durch Streß überfordert ist oder Angst ums Fortkommen hat, dann sinkt seine individuelle Energie. Der Körper scheidet Eisen aus, weil es nicht gebraucht wird. Der Körper kennt keine sinnlosen Aktionen. Er nutzt nur das, was gebraucht wird.

Eine Frau sollte einige Monate vor der geplanten Schwangerschaft mit intensivem Feueratem beginnen. Das ist die beste Garantie, daß ihr Bluteisenspiegel steigt. Bei meiner Frau waren die Bluteisenwerte am Ende jeder Schwangerschaft höher, als im Bevölkerungsdurchschnitt ohne die Belastungen einer Schwangerschaft. Feueratem plus geeignete Eisenpräparate kann ich mir sehr wohl vorstellen. Die Atemtechnik wäre dann der Motor, um das Überangebot an Eisen zu assimilieren. Um es noch einmal deutlich zu sagen: Das beste Eisenpräparat ist ein frisches Schweineschnitzel!

Viele Übungen aus dem Energytraining sind für Schwangere geeignet. Die Beweglichkeit der Wirbelsäule ist von großer Bedeutung, ebenso ein Training für Bauch- und Beckenmuskulatur. Feueratem wirkt auf die Hirnanhangsdrüsen. Aus diesem Grund sollte eine Frau Feueratem in der Schwangerschaft nur bis zum 4. oder 5. Monat intensiv praktizieren. Bei einer schwächlichen Frau mit schwachen Mutterbändern und schlaffem Beckenboden könnte intensiver Feueratem zu einer Frühgeburt führen. Eine gesunde, kräftige Frau kann 30 - 60 Sekunden Feueratem bis in spätere Monate machen. In den letzten 2 Monaten sollte sie ganz damit auf-

hören. Für den Fall einer unerwünschten Schwangerschaft könnte man hier natürlich andere Schlußfolgerungen ableiten. Tiefer ruhiger Atem oder die Atemregulation des Pranayama kann weiter angewandt werden. Der bewußte, tiefe Atem, in den Unterleib hinein, kann die Bänder lockern, so daß sich Verkrampfungen lösen. Die Übung Mulabhanda ist generell gut zu heißen, weil sie den Beckenboden kräftigt. Als generelle Vorbereitung sind diese Methoden unbezahlbar. Ich kenne jedoch einige Frauen, die durch die ganze Schwangerschaft hindurch den Feueratem beibehalten haben, ohne jegliche schädliche Nebenwirkungen. Wer vorher schon einige Jahre Kundalini Yoga (Energytraining) praktiziert, weiß selbst, wie sein Körper reagiert und was er zu tun hat. Hier ist ganz sicher die eigene Verantwortung gefragt.
Nun zur Geburt selbst und zur Phase der Geweberückbildung nach der Geburt. Sobald die Geburt herannaht und die Vorbereitungen getroffen sind, hat die Mutter die Möglichkeit, durch tiefen ruhigen Atem und bewußte Atemregulation die Wehenschmerzen wegzuatmen. Sobald die Verspannungen gewichen sind, können die Wehen durch intensiven Feueratem bewußt herbeigeführt werden. In dieser Phase wird durch Feueratem direkt das wehentreibende Hormon erzeugt. Die Frauen, die wir auf diese Weise betreut haben, bekamen alle ohne Problem und ohne chemische Spritzen innerhalb von 20-30 Minuten ihre Kinder, ohne Riß, ohne Schnitt, ohne Krämpfe, ohne Qual für Mutter und Kind.
Es ist unbedingt zu empfehlen, daß sie sich vorher bereits einen Arzt oder eine Klinik suchen, die einigermaßen normale und humane Bedingungen für Mutter und Kind garantieren kann. In manchen Kliniken sind jedoch Kaiserschnitte an der Tagesordnung, weil sie mehr Geld bringen. Außerdem grassiert immer noch die Unart, Geburten durch Hormonspritzen auf früher oder später zu verlegen, um die Feiertage frei zu halten. Als bei meinem ersten Sohn in der Klinik das Kind nicht sofort kam, wurden die 3 anwesenden Ärzte geradezu hysterisch. Sie griffen nach den Spritzen. Einer holte die Saugglocke, obwohl es erst 30 Minuten dauerte. Ich mußte massiv eingreifen um den Einsatz der gefährlichen Saugglocke zu verhindern. 5 Minuten später kam das Kind nach einem kleinen Schnitt ohne Komplikationen. Die Ärzte, ein Abteilungsarzt und 2

Assistenten, die angelernt wurden, verließen fluchtartig den Saal und stürzten im Nebenzimmer an den Fernseher: Der Fußball-Europapokal wurde soeben angepfiffen... Ich wünsche Ihnen viel Glück, daß Sie einen guten Arzt finden!
Wenn Sie Ihr Baby bekommen haben, sollten Sie nach wenigen Tagen mit den Atemübungen beginnen. Jetzt, nach der Geburt, können Sie mit Mulabhanda die schnelle Rückbildung des Beckenbodens bewirken. Mit tiefem, ruhigem Atem fördern Sie die Regeneration. Mit Feueratem aktivieren Sie nun die Hormone, die die Rückbildung des Uterus veranlassen und zugleich die Milchproduktion aktivieren! Das Programm der Atemtechniken ist also direkt einsetzbar für die Schwangerschaftsführsorge. Die manchmal direkt nach der Geburt auftretenden Depressionen können durch Feuratem schnell überwunden werden. Nach meinen Beobachtungen sind diese Depressionen typisch für Krankenhäuser, in denen sich die jungen Mütter zurecht alleingelassen fühlen. Ich habe keine Frau kennengelernt, die daheim derartige Depressionen bekommen hätte.
Nach der Schwangerschaft sollten Sie die Atemübungen unbedingt fortführen. Sie werden Ihnen viel Kraft geben. Die Milchproduktion wird aktiviert. Der Körper strafft sich. Wenn Sie zusätzlich geeignete Übungen aus dem Energytraining anwenden, wird Ihr Mann nach 3 Monaten nicht mehr sehen, daß Sie überhaupt ein Kind bekommen haben. Ein schlaffer Bauch oder eine schlaffe Brust sind Zeichen für fehlendes Training nach der Geburt. Aber das müssen Sie selbst wissen. Wenn Sie schön und begehrenswert bleiben möchten, dann machen Sie das Training.

Atemtechnik in der Geburtshilfe

Diagramm des Wehenschreibers (folgende Seite). Bei einer Erstgebärenden wollten die Wehen nicht einsetzen (1). Durch gezielte Kombination von tiefer Atmung und Feueratem wurden innerhalb von 5 Minuten die Wehen eingeleitet (2 und 3). Das Baby wurde 20 Minuten später ohne jegliche Komplikation geboren.

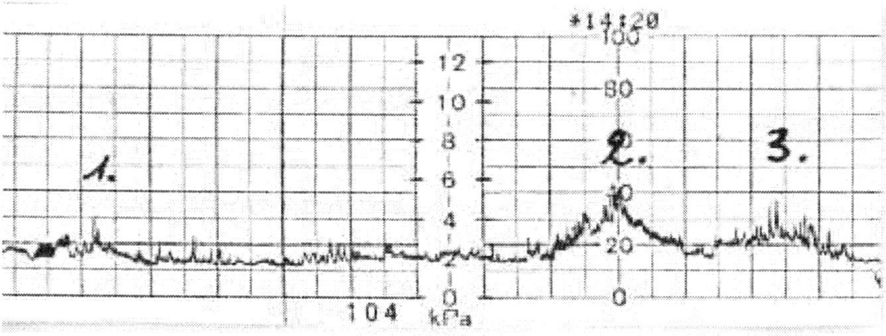

Der bewußte Einsatz von Atemtechniken im Berufsleben

"Lebe von nun an ganz bewußt! Genieße Dein Leben und mache Dir bewußt: Du bist der Meister Deiner Welt!"

Unsere Atemluft teilen wir mit allen Lebewesen, die in unserem Umfeld leben und arbeiten! Wir können uns der Luft nicht entziehen, sonst würden wir sterben! Jedes Lebewesen sendet sogenannte Pheromone aus. Das sind Duftstoffe, die als Botenstoffe fungieren. Über diese Duftstoffe teilen wir im Instinktbereich unserer Umgebung mit, in welcher Verfassung wir uns befinden. Das gilt nicht nur für die Menschen in unserer Umgebung, sondern ebenso für die Tiere und Pflanzen. Früher war es einmal so, daß wenige Menschen in einer weitgehend natürlichen Umwelt gelebt haben. Die Fülle der Botenstoffe kam von gesunden Pflanzen, die wir essen konnten oder von Tieren, die ebenfalls zu unserer Nahrung gehörten. Die Duftstoffe in der Umgebung signalisierten dem Naturmenschen, daß genug Nahrung und frisches Wasser da war für die Sicherung seiner Existenz. Dieses natürliche Sicherheitsgefühl existiert nicht mehr. Es gibt in unseren Städten praktisch nichts Genießbares mehr. Die Pflanzen sind ausschließlich Ziergewächse ohne Nährwert. Die Tiere sind bestenfalls Hunde oder Katzen, die wir nicht essen, sondern die noch von uns versorgt werden müssen. Stattdessen riechen wir massenhaft nervöse und

verängstigte Menschen, die alle einen Mangel an den wichtigsten Bedürfnissen signalisieren. Unsere Instinktreaktionen verkümmern. Wir haben uns angewöhnt, Schmutz zu beseitigen. Mit der Reinlichkeit haben wir immer mehr von uns entfernt. Heute werden alle natürlichen Duftstoffe durch Deostoffe verdrängt, so daß wir zum Schluß nur noch Chemie riechen und das normal finden!
Atmung und Rhythmus sind grundlegende Elemente, um eine Gemeinsamkeit herzustellen! Das wußten die Naturvölker ebenso wie die frühen Kulturvölker. Ohne richtig darüber nachzudenken, wissen wir es auch noch. Viele Menschen fühlen sich zu öffentlichen Festen, Tanzveranstaltungen und Musikshows hingezogen. All dem liegt ein gemeinsamer Rhythmus zu Grunde. Die alten Schamanen nutzten dieses Wissen für rituelle Tänze. Die indischen Yogis verfeinerten diese Technik und beschränkten sich auf gemeinsames, rhythmisches Atmen! Gemeinsames rhythmisches Atmen erzeugt ein starkes Gruppengefühl, weil Atmung und Kreislauf unsere Lebensgrundlagen sind. Psychologische Untersuchungen haben ergeben, daß in Folge gemeinsamer, koordinierter Atmung die Hirnfrequenzen der beteiligten Menschen gleichgeschaltet werden. Auf diese Weise gelangt man mit synchronisierenden Atemübungen viel schneller zu einem harmonischen Konsensus innerhalb einer Gruppe oder Gemeinschaft, als wenn jeder auf seine Art weiterschnauft. Innere Harmonie ist die Voraussetzung für ein gegenseitiges Verstehen!
Im ungünstigen Fall kann z.B. in einem Büro ein total überlasteter, schwer atmender Mensch alle anderen "anstecken" und zu einer ebenfalls bedrückenden Stimmung animieren. Im günstigen Fall kann ein lebenslustiger, frei atmender Mensch die Mitmenschen aufmuntern und aktivieren. Wir kennen es alle, daß ein Kollege, der die gute Laune behält, die Mitarbeiter aufmuntert. Wir wissen ebensogut, daß ein Miesmacher uns die Laune noch weiter verdirbt. Bedenken Sie dabei, daß nicht nur Pheromone und Stimmungen, sondern wirklich auch Gedanken übertragen werden. Sie werden nicht einzeln und wortgetreu übertragen, sondern sinngemäß. Wir "spüren" doch, woran wir mit anderen Menschen sind! Wenn z.B. keiner weiß, was der Chef eigentlich will, wird das Arbeitsergebnis chaotisch sein. Wenn der Chef oder der Vorarbeiter

eine klare Vorstellung hat, von dem was heute erreicht werden soll, dann wird sich seine eindeutige Stimmung auf die Angestellten oder Arbeiter übertragen. Eine gute Sekretärin wird ahnen, worauf es dem Chef ankommt und die Dinge in der richtigen Weise bearbeiten. Sie ist die ausführende, rechte Hand des Chefs. Eine Sekretärin, die innerlich unzufrieden ist, kann unheimlich viel verderben. Sie nörgelt mit den Kunden herum, vergißt Termine und tut nur das, was ihr gesagt wurde, aber zur falschen Zeit. Unzufriedene Mitarbeiter können ohne große Anstrengung eine Firma ruinieren.

In Asien, insbesondere in Japan, China und Korea wird dieses Wissen bewußt eingesetzt. Um eine gute Teamarbeit zu erreichen, beginnen viele Abteilungen mit einer gemeinsamen, synchronen Atempause. Eine gemeinsame Atem- und Konzentrationsübung ist der richtige Auftakt für eine effektive, ruhige und konzentrierte Teamarbeit. Wir brauchen nicht gleich einen akuten Widerwillen aufzubauen. In einer japanischen Firma ist es zum Beispiel üblich, daß morgens vor der Arbeit eine kurze Besprechung stattfindet, bei der sich die Mitglieder des Teams im Kreis aufstellen. Der Abteilungschef schildert kurz was heute erreicht werden soll und welches die wichtigsten Ziele sind. Anschließend sammeln sich die Kollegen in einer stillen Denkpause, eine Minute schweigen. Danach versprechen Sie sich gemeinsam, also im Chor oder jeder einzeln, aber laut vor allen anderen: "Ich werde heute gewissenhaft und fehlerlos arbeiten, damit unsere Firma gute Ergebnisse erzielt!"

Das mag den meisten Deutschen lächerlich erscheinen. Aber warum denn bitte? Geht es Ihnen auf die Nerven, wenn Sie vor Zeugen sagen sollen, daß Sie gute Arbeit leisten werden? Tatsache ist, daß die BRD seit mehr als 10 Jahren lächerliche Wachstumsraten zwischen Null und 2,5 % pro Jahr aufweist und daß z.B. Korea, Hongkong oder Malaysia Wachstumsraten von 20-60 % pro Jahr erbringen! Wissen Sie was das bedeutet? Die Asiaten konzentrieren sich heute auf die Beseitigung ihrer Mängel, so wie die Deutschen nach dem Weltkrieg. Mit aller Energie werden die Schäden der Vergangenheit überwunden.

In China beginnt die Arbeit morgens mit Tai Chi. Die Menschen sammeln und konzentrieren sich. Wir regen uns auf, daß die Chinesen nur ein Zimmer pro Familie haben. Das haben heute aber alle. Vor 100 Jahren lebten die meisten Chinesen wahrhaftig wie Tiere im Schmutz unter Schilfdächern, weil die Ausbeutung durch die Machthaber sie dazu verurteilte. Heute, nach nur 10 Jahren langsamer Öffnung für die Marktwirtschaft gibt es in China bereits eine große Anzahl von sehr reichen Menschen, die in einem unglaublichen Tempo aufbauen. Dafür gibt es bei uns immer mehr Obdachlose und verarmte Menschen.
Bedenken Sie bitte, daß China etwa genauso groß ist wie die USA. Die USA haben zwar gewisse technologische Höchstleistungen erbracht, aber sie haben massenhaft heruntergekommene Slums und ernähren mit Mühe und Not 240 Millionen Menschen. Auf der gleichen Fläche leben in China viermal soviel Menschen, nämlich 1 300 Millionen, und sie werden ohne Importe satt! Die USA wären ohne Importe bereits bankrott und verhungert.
Ich will keineswegs die Zustände in China in den Himmel loben. Ich möchte jedoch darauf hinweisen, daß die asiatischen Länder ein gewaltiges Potential enthalten, daß wir noch gar nicht richtig einschätzen können. Nach fast 30 Jahren persönlicher Erfahrungen und Trainingspraxis mit asiatischen Methoden und asiatischen Menschen bin ich sicher, daß die geistige Haltung dieser Völker bei der Gestaltung des eigenen Lebens viele Vorteile bietet. Wir sollten deren Lebensweise keineswegs kritiklos übernehmen. Das wäre falsch. Aber so wie die Japaner unsere Technologie übernehmen und verbessern, sollten wir deren Mentaltraining übernehmen und verbessern. Jeder Mensch ist heute aufgefordert, die Chancen zu nutzen, die ihm das Leben bietet. Ich denke, meine Bücher sind ein Schritt in die richtige Richtung.
Die innere Übereinstimmung eines Teams ist gewährleistet, wenn alle Mitglieder regelmäßig die Atemtechniken anwenden, die aus meinem Energytraining stammen. Auch das Autogene Training ist gut für die private Schulung geeignet. Mit diesen Methoden vermeiden wir zwischenmenschliche Differenzen, bei denen viel geredet wird, ohne daß einer den anderen wirklich versteht! Wir müssen nicht im Kreis stehen und "Hurra!" rufen. Es genügt, wenn jeder

Teilnehmer in einem Arbeitsteam auf seine Gesundheit und auf seine Konzentration achtet. Trotzdem sind regelmäßige gemeinsame Schulungen in meinen Augen ein absolutes Muß, wenn wir auf dem internationalen Markt mithalten wollen. Jede Führungskraft in Japan oder Korea praktiziert ein derartiges Training. Außerdem absolvieren in sehr vielen Betrieben in Japan, China und Korea alle Mitarbeiter einer Abteilung gemeinsam ein geeignetes Training! Ich bin sicher, daß die dortigen, ursprünglich sehr primitiven Industriebedingungen, ohne derartige Methoden niemals die bekannten überragenden Ergebnisse erzielt hätten!

10. Übung: Energytraining

"Just do it."

Energytraining ist ein neues System der körperlichen und geistig-seelischen Schulung. Es dient der Gesundheitsvorsorge und der Stabilisierung bei psychischen Problemen. Es kann viele psychosomatische Krankheiten überwinden. Es ist hervorragend geeignet für die Persönlichkeitsentwicklung des Menschen und für die Erweiterung unseres Bewußtseins. Von besonderer Bedeutung ist der gezielte, positive Einfluß auf alle Krankheiten, die etwas mit hormonellen Störungen, Nerven und Kreislauf, Schwächen des Immunsystems, psychischen Belastungen und Erkrankungen der Atemwege zu tun haben.
Energytraining wurde von mir auf der Basis des indischen Kundalini-Yoga entwickelt. Hinter den Berichten, die ich Ihnen heute mitteilen kann, stehen 20 Jahre Forschung und persönliche Erfahrung, sowie die Arbeit mit mehr als 2000 Menschen in Training und Therapie. Es scheint an der Materie selbst zu liegen, mit der wir es hier zu tun haben, daß mein Lebensweg ähnlich verlief wie bei Dr. Schultz oder Dr. Losanow. Beide studierten Medizin, die europäische Hypnose, Psychologie, Yoga und Zen. Daraus entwikkelte Dr. Schultz das Autogene Training und Dr. Losanow das Su-

perlearning. Ich selbst studierte Biotechnik, Kundalini Yoga, Zen, die europäische Esoterik, Hypnose und indianischen Schamanismus. Daraus wurde das Energytraining. Es gibt Ihnen die Möglichkeit, in kurzer Zeit mit einem vielseitigen und detailliert beschriebenen Übungsprogramm deutliche gesundheitliche Verbesserungen zu erzielen. Wenn Sie gesund sind, werden Sie ihre beruflichen und sportlichen Leistungen verbessern, ihre Durchsetzungsfähigkeit und nicht zuletzt auch ihre Liebesfähigkeit. In jeder Partnerschaft kann Energytraining die erotische Qualität steigern.
Energytraining arbeitet ganz gezielt mit dem endokrinen Drüsensystem des Menschen und mit dem elektromagnetischen Feld. Die zwei Bände ET umfassen Trainingsprogramme für je 3 Monate. Das Training dauert also insgesamt 6 Monate. Sie brauchen täglich ca. 40 - 60 Minuten. Es erfordert und es stärkt die Selbstdisziplin, die jeder Mensch braucht, wenn er etwas erreichen will.
Durch die dauerhafte Praxis des Energytrainings wird die Thymusdrüse aktivert, unsere Immunfähigkeiten gesteigert und wir haben gute Chancen, auf angenehme Weise ein hohes Alter zu erreichen. Zum Abschluß dieses Buches möchte ich Ihnen noch eine weiter Kombination aus Atemübung und Energie-Regulation vorstellen.
Um einen bestimmten Rhythmus zu erzeugen, verwenden die Yogis häufig ein Mantra. Das ist ein bestimmter Spruch, ein Sprechgesang oder ein Gebet. Konzentrationsübungen wurden seit altersher immer mit derartigen Formeln verbunden, bei unseren Mönchen ebenso wie bei den Yogis. Dabei kommt es vor allem auf den Rhythmus an. Die Inder hatten keine Uhren. Sie mußten sich etwas anderes ausdenken, um Rhythmen festzulegen.
Ein einfaches Mantra lautet z. B. Sat Nam! Es bedeutet "Erkenne das Sein, erkenne dich selbst". Das ist der Inhalt. Sat soll scharf ausgesprochen werden. Nam klingt weich aus. Wir können scharf und kurz die Luft einziehen und sagen dabei "Sat". Dann atmen wir weich aus und sagen "nam". Von "nama" (sanskrit: erkennen) ist unser Begriff "Name" abgeleitet. Im neueren Hindi lautet die Übersetzung "Sieben Namen" und ist ein Hinweis auf unsere 7 Hauptchakras. Sat nam dient der Selbstbesinnung und zugleich der Atemregulation. Die folgende Übung ist gut geeignet als präventive

Maßnahme gegen Herzinfarkt, Herzkranzgefäßerkrankungen, Atem- und Magenbeschwerden. Machen Sie diese Übung stets nur so lange, bis es unangenehm wird (30 - 60 Sekunden). Steigern Sie die Zeit nach und nach bis auf 5 Minuten. Verbunden mit den vorangegangenen Atemübungen ist es ein hervorragendes Mittel gegen Alterserkrankungen, Kreislaufschwäche und Immunschwäche. Menschen mit Bluthochdruck sollten in kleinen Schritten vorgehen. Einige meiner Klienten haben nach einem Herzinfarkt mit dieser Übung das weitere Herzinfarktrisiko gänzlich abgebaut. Trotzdem will ich das nicht als generelle Empfehlung verstanden wissen. Jeder muß selbst entscheiden, Erfahrungen gewinnen und die Verantwortung übernehmen.

Die Durchführung der Übung "Sat kriya"

Nehmen Sie eine kniende oder sitzende Position ein. Besonders günstig sind der Yogasitz (halber Lotos) oder eine kniende Position. Für untrainierte oder ältere Menschen geht es auch auf einem Stuhl sitzend. Achten Sie dann darauf, daß ihre Füße parallel nebeneinander stehen. Die Beine sollten an den Knie rechtwinklig nach unten zeigen. Achten Sie also auf die Höhe Ihres Stuhles.

Heben Sie nun die Arme senkrecht empor, so daß die Arme möglichst gerade nach oben zeigen und seitlich an den Ohren anliegen. Die Hände liegen flach aneinander. Die Daumen können übergreifen und die Hände zusammen halten. Es ist auch erlaubt, die Hände ineinander zu falten. Dann sollten jedoch die Zeigefinger ausgestreckt bleiben. Konzentrieren Sie sich auf einen Punkt. Die Augen sind halb geschlossen. Der Atem geht tief und ruhig.
Dann schließen Sie die Augen und atmen einige Male tief und ruhig in den Bauch hinein.

Danach beginnen Sie rhythmisch zu atmen und zu sprechen. Auf ein kurzes, heftiges Einatmen sagen Sie "Sat!" und beim fließenden Ausatmen sagen Sie weich "nam". Bei "Sat" ziehen Sie den Magen ganz fest ein und zwar so gut es geht nach innen und oben zum Herzen hin. Auf diese Weise machen Sie eine sanfte Herzmuskelmassage, wobei die Atem- und Mantratechnik der Rhythmusgeber ist. Die Übung ist recht anstrengend und wirkungsvoll. Sie ist dafür geeignet, daß wir unser Herz wieder der Liebe öffnen und unsere Ängste überwinden. Jeder einigermaßen gesunde Mensch kann diese Übung machen. Einige Menschen mit Herzrhythmusstörungen haben mit dieser Übung ihre Leiden erfolgreich überwunden, zur Verwunderung ihrer Ärzte.
Machen Sie diese Übung anfänglich für 30-60 Sekunden. Steigern Sie sich so weit Sie wollen. Im Training haben wir es bis zu 20 Minuten gemacht.
Beenden Sie die Übung in der folgenden Weise:
Tief einatmen, den Atem anhalten, Mulabhanda anspannen, den Bauch einziehen, das 3. Auge fixieren und die Hände fest ineinander pressen. Danach atmen Sie aus. Legen Sie sich auf den Rükken und lassen Sie die neue Energie wirken. Einfach ganz entspannt auf dem Rücken ausruhen. Anschließend reiben Sie beide Hände fest aneinander, bis sie warm werden, und zugleich die Füße aneinander reiben. Dann ziehen Sie die Knie an die Brust heran. Legen Sie die Arme um die Beine und schaukeln Sie einige Male auf der Wirbelsäule vor und zurück. Danach gehen Sie an Ihre Aufgaben. Üben Sie regelmäßig. Das bringt die besten Ergebnisse. Weitere interessante Übungen finden Sie im Energytraining.

Zusammenfassung: Das Wichtigste

Atemtechniken sind geeignet, um bessere Lernergebnisse zu erzielen. Bei richtiger Anwendung erfolgt eine bessere Aufnahme des Lehrstoffes. Der Übende erreicht eine erhöhte Konzentrationsfähigkeit. Wir können Atemübungen für die Ruhigstellung vor Prüfungen und zur Überwindung der Prüfungsangst gezielt einsetzen. Betriebliche Schulungen können ebenso optimiert werden wie unser autoritäres Schulsystem oder die Leistungen an der Universität.

Für eine effektive Team-Arbeit ist das gegenseitige Verständnis von großer Bedeutung. Atemtechniken fördern die Intuition. Wir hören aufmerksamer hin und verstehen, was der Gesprächspartner meint. Synchrone Atemübungen wären die optimale Vorbereitung auf eine wichtige Konferenz. Das wird schwer zu verwirklichen sein, es ist aber von so großer Bedeutung, daß ich es hier erwähnen möchte. Koordinierte Atmung bewirkt eine Koordination der Hirnfrequenzen aller Anwesenden. Das führt zu einem wesentlich klareren und schnelleren Konsensus.

Atemkontrolle und gemeinsames Training erzeugt eine feste Gruppenstruktur. Die Angewohnheit, beim Militär und im Sportverein gemeinsam Lieder zu singen oder die rituellen Gesänge in Kirchen und Sekten verfolgen den gleichen Zweck. Der Erfolg religiöser Sekten beruht zum Teil auf der Anwendung dieser Methoden. In Geschäftsverhandlungen würde das Team, das derartige Methoden kennt und nutzt, eindeutige Vorteile erzielen gegenüber der Konkurrenz.

Indem sich ein Mensch, der diese Methoden kennt, auf die Atemfrequenz eines Gesprächspartners einstellt, kann er von dem anderen unbewußte Stimmungen und Daten abrufen. Wir erfahren etwas über die geheimen Absichten des Anderen, zwar nicht in Worten, aber von der Tendenz her. Wir spüren viel deutlicher, was der andere will, ob er es ehrlich meint, uns über den Tisch ziehen will oder gar kein echtes Interesse hat. Das sind Vorteile, die wir im Berufsleben nutzen können. Spezielle Übungsprogramme des Energytrainings geben uns die Chance, unser Leben auch unter erschwerten Bedingungen gesund und erfreulich zu gestalten.

Energytraining hilft uns, Zivilisationskrankeiten zu vermeiden oder zu kompensieren.
Arbeits- und Lebensräume sollten grundsätzlich gut gelüftet, staubfrei, kühl und negativ ionisiert sein. Es gibt inzwischen akzeptable Ionisatoren zu kaufen. Große Firmen sollten derartige Einrichtungen anschaffen. Die erforderlichen Investitionen werden sich mit Sicherheit über den geringeren Krankenstand, die Motivation der Mitarbeiter und das Wohlbefinden der Kunden rechnen.
Die Anwendung von ätherischen Ölen ist unbedingt zu empfehlen. Sie beheben den Mangel an natürlichen Duftstoffen. Der Absatzboom von ätherischen Ölen in den vergangenen 15 Jahren spricht für sich!
In der Partnerschaft werden wir den Partner viel besser verstehen und besser fühlen, was er oder sie wirklich meint. Unsere sexuellen Erfahrungen werden intensiver, erotischer, faszinierender. Wir erreichen eine neue erotische Dimension. Die Freude an der Liebe und am Leben wächst.
Die möglicherweise daraus resultierende Schwangerschaft läßt sich mit Atemtechniken optimal vorbereiten. Das Gefühl und das innere Verstehen zwischen Mutter und Kind wird sehr intensiv. Die Rückbildung des Gewebes nach der Geburt verläuft schnell und vollständig.

Empfehlungen zur Gesundheit

"Achte auf Deinen Umgang,
denn mit ihm teilst Du Atemluft und Gedanken!"

Schon die Völker des Altertums wußten, daß in einem gesunden Körper ein gesunder Geist wohnt. Die Betonung sollte jedoch darauf liegen, daß ein gesunder Geist den Körper gesund erhält. Es ist nicht der Körper, der den Geist krank macht, sondern ein verwirrter Geist ruiniert den Körper! Die permanente Hektik des modernen Lebens läßt uns kaum mehr zur Ruhe kommen. Hin und her gerissen zwischen tausenden von Aufgaben, Verpflichtungen

und Wünschen verlieren wir uns leicht in den Alltagspflichten. Wir achten nicht mehr genug auf unsere innere Stimme. Wir vernachlässigen oder überfordern den Körper. Wir essen ungesunde Dinge. Wir nehmen uns nicht mehr die Zeit, um richtig zu prüfen und zu riechen, ob die gekaufte Nahrung überhaupt gut für uns ist.
Mit den Atemübungen gelingt es uns, diese ständige Hast zu unterbrechen. Damit wächst das Gefühl für die Qualität der Nahrung und für ein bewußteres und gesünderes Leben. Es ist nicht damit getan, Müsli zu essen. Jeder Mensch muß ein Gespür dafür entwickeln, was er persönlich wirklich braucht! Gerade in den kleinen, alltäglichen Bedürfnissen sollten wir eine private Routine entwikkeln für das, was wir wirklich gut vertragen. Was für den einen gut ist, mag für den anderen ungeeignet sein.
Wer viel am Schreibtisch sitzt, sollte leichte Kost bevorzugen! Unser Körper weiß sehr gut, was er braucht und verträgt! Sobald unsere Sinne zur Ruhe kommen, funktionieren sie wieder besser.
Die innere Ruhe erreichen wir durch Atemübungen, Autogenes Training und Meditation. Wenn wir in Ruhe aufmerksam an einem Nahrungsmittel riechen, dann sagt uns die innere Stimme, ob wir es essen sollten oder nicht und wieviel wir davon brauchen!
Der inneren Ruhe dienen auch Algen-Tabletten. Unsere Schilddrüse wird dem 5. Chakra zugeordnet. Nach der Yogalehre ist es das Zentrum der inneren Wahrheit. Wenn wir durch die Anforderungen der Zivilisation ständig im Streß sind, arbeitet die Schilddrüse auf Hochtouren. Sie sollte gut mit Jod versorgt sein. Das 5. Chakra ist aktiv, um bei den ständig auftauchenden Fragen zu klären, was für uns Realität ist oder nicht. 2 Algentabletten pro Tag können ausreichen, damit wir ruhiger werden. Derartige Maßnahmen sind eine passende Ergänzung zu den Atemübungen.
Für die Reinigung des Körpers ist es wichtig, viel zu trinken. Außerdem sollten wir täglich ca. 1 g Vitamin C zu uns nehmen. Da die gekauften Früchte heute alle unreif geerntet werden, enthalten sie kaum noch Vitamine. Ich habe mich lange dagegen gewehrt, weil es mir nicht natürlich genug war, aber heute nehme ich täglich ca. 1 g Vitamin C und Vitamin B-Komplex zu mir, weil in der Nahrung einfach nicht mehr genug vorhanden ist. Die öffentlichen Angaben über den Vitaminbedarf reichen gerade aus, um nicht akut

krank zu werden. Wenn wir etwas leisten müssen, brauchen wir mehr Vitamine. Als Richtwert können Sie bei käuflichen Produkten darauf achten, ob in der Tagesdosierung eine Menge von ca. 100 mg Vitamin B1 enthalten ist. In diesem Punkt halte ich mich an die Vorschriften des amerikanischen Nobelpreisträgers Linus Pauling. Außerdem fehlt in den deutschen Nahrungsmittelzusätzen oft das Vitamin B3. Es ist sehr wichtig für den Abbau von Schadstoffen im Körper. Die B-Vitamine sind von großer Bedeutung für die einwandfreie Funktion unseres Nervensystems. Sie werden oft als "Nervennahrung" bezeichnet.

Wenn wir davon sprechen, daß wir "gereizt" sind, dann meinen wir Nervenreizungen. Genau genommen handelt es sich dabei um unerwünschte nervliche Belastungen. Die Nervenimpulse laufen nicht befriedigend. Passender Weise gehen derartige Nervenreizungen weg, wenn wir die Vitamine B1, B6 und B12 zu uns nehmen. Sie verbessern direkt und indirekt die Funktionsfähigkeit unserer Nerven. Auch bei unseren Gefühlen handelt es sich um Nervenreizungen. Wenn wir erregt sind, dann werden Impulse der Erregung weitergeleitet. Es ist wahrhaftig kein Zufall, daß die Begriffe, die wir für die Nerven benutzen, weitgehend identisch sind mit den Begriffen aus der Elektrotechnik. Wenn wir auf der einen Seite die Atmung optimieren, dann sollten wir auch die körperlichen Bedingungen verbessern. Unser Nervensystem ist eine "elektrische Schaltanlage". Sie braucht sowohl genügend frischen Sauerstoff, als auch B-Vitamine, sowie die Mineralstoffe Magnesium und Calzium für ihre optimale Funktion. Meine ganze Familie nimmt regelmäßig diese Vitaminzusätze. Meine großen Kinder sagen übereinstimmend, daß sie damit in der Schule besser aufpassen und lernen können.

Die schlechte Angewohnheit, zu viel zu essen, hängt manchmal davon ab, daß ein Mensch instinktiv immer weiter ißt, weil ihm Vitamine fehlen. Doch in der Nahrung sind zu wenig Vitamine enthalten. Z.B. geht das Interesse an Schokolade deutlich zurück, wenn man genug B-Vitamine hat. Vitamin E dient vor allem dazu, das Zellgewebe elastisch zu halten, damit keine Verhärtungen und Geweberisse entstehen. Außerdem schützt uns Vitamin E vor den freien Radikalen, chemischen Bruchstücken, die unsere Zellen an-

greifen. Ältere Menschen sollten täglich 300-600 mg zu sich nehmen, weil Vitamin E die Gelenkschmiere erhält. Da die käuflichen Präparate meist sehr teuer sind, habe ich für meine Familie eine andere Lösung gefunden. Vitamin E können wir über den Laborfachhandel in Flaschen kaufen. Man kann es dosieren, indem man von einem Konzentrat an Vitamin E 2 Eßlöffel voll auf einen Liter gibt. Von dieser Mischung reichen 1-2 Eßlöffel vitaminiertes Speiseöl täglich im Salat, um die ganze Familie zusätzlich zu versorgen. Man rechnet ca. 1 Teelöffel pro Tag für 1 Erwachsenen von der Speiseöl-Mischung. Diese Methode ist entschieden preiswerter als Pillen. Die Vitaminkonzentrate sind frei verkäuflich.
Auch unsere Haut atmet und wir sollten sie regelmäßig reinigen und pflegen. Wenn ich die unzähligen Mittel sehe und vor allem rieche, die sich die Menschen heutzutage auf die Haut schmieren, dann bekomme ich eine Gänsehaut. Meine Nase ist geschult durch viele Jahre praktischer Erfahrungen mit Laborchemikalien und mit der Gewinnung von natürlichen Essenzen. Zusätzlich wurden meine Sinne verfeinert durch die jahrzehntelange Anwendung von Kundalini Yoga und Energytraining. Wenn ich heute durch die Stadt gehe, bin ich oft froh, daß es mir einigermaßen gelingt, meine Wahrnehmungen abzuschalten. Wenn ich manchmal Riechproben an modernen kosmetischen Mitteln mache, erschrecke ich immer wieder, wie hier skrupellos Produkte verkauft werden, die eindeutig schädlich sind. Das ist keine Frage der Preises. Manche billigen Mittel können akzeptabel sein und manche teuren Produkte sind entsetzlich. Sie ruinieren die Haut. Anstatt die Haut atmen zu lassen, wird sie mit chemischen Produkten verkleistert. Einfache Lotionen, die Feuchtigkeit und Öl enthalten, tun es völlig. Frauen, die viele Kosmetika verbraucht haben, sehen oft reichlich alt aus, bevor sie es wirklich sind. Udo Lindenberg hat dazu einmal gesungen "Und man wünscht ihr, daß sie wirklich 'mal so alt wird wie sie heut' schon aussieht..."
Die Haut ist nach der Lunge unser größtes Kontaktorgan zur Umwelt. Smog, Schadstoffe in der Luft, Gestank und soziale Spannungen spiegeln sich in unserer Haut. Eine aktuelle Erhebung im Landkreis Hannover erbrachte im Frühjahr 1994 das erschreckende Ergebnis, daß dort bereits 15% aller Schulanfänger Neuroder-

mitis haben, und zwar unabhängig von der direkten Schadstoffbelastung ihrer Region. Da die Hautschäden vom Smog unabhängig sind, müssen sie mit den erhöhten sozialen und schulischen Spannungen zusammenhängen, oder mit einer bereits fortgeschrittenen inneren Vergiftung durch Pestizide in der Nahrung. Der kindliche Organismus reagiert gereizt und ablehnend gegenüber seiner Umwelt!
Wir können die Umwelt nicht direkt verändern, aber durch die Atemübungen, die jedes Kind machen kann, sind wir in der Lage, Streß abzubauen und die Wahrnehmung zu verändern. Wenn die Kinder und die Eltern ruhiger werden, dann haben wir eine echte Chance, diese Probleme zu bekämpfen. Ausgehend von der eigenen Gesundheit können wir dann mit neuer Energie die Umweltprobleme lösen.
Bereits 1973 erzählte mir ein Landarzt bei Kusel, daß immer mehr Menschen in den Sommermonaten schlimm mit Bronchitis zu kämpfen haben. Generell hat es ab Mitte der sechziger Jahre eine erhebliche Zunahme der Atemwegserkrankungen gegeben. Er vermutete einen konkreten Zusammenhang mit der massenhaften Verwendung von Pestiziden in der Landwirtschaft.
Seit 1986 wohne ich in der Weingegend von Rheinhessen bei Worms. Immer mehr Menschen haben speziell in den Monaten Juni bis August mit Bronchitis zu tun. Es ist die Zeit, in der viel gespritzt wird, besonders hier in der Winzergegend. Hinzu kommt sicherlich das Problem, daß die Winzer zwischen ihren Weinreihen alles abtöten, so daß in ungeheuren Massen Schluff (feinster Staub) in der Luft liegt, weil kein Grashalm mehr den Boden bedeckt und die Oberfläche völlig austrocknet.
Allergieuntersuchungen bringen häufig keine Ergebnisse. Ich habe den dringenden Verdacht, daß die Hauptursache für die Zunahme der Atemwegserkrankungen die landwirtschaftlichen "Gepflogenheiten" sind: Ausgedörrte, z.T. mit Herbiziden vernichtete Oberflächen, massenhaft Staub in der Luft, große Mengen von Pestiziden auf allen Äckern und Weinbergen. Die Pestizide lagern sich an der Oberfläche ab, werden mit dem Staub davon getragen, und wir atmen den vergifteten Dreck ein. Der alte Arzt nannte es 1974 "Pestizidschnupfen". Ich gehe davon aus, daß jeder Mensch gefährdet

ist und daß die Gefährdung durch die Summierung Jahr für Jahr zunimmt. Es müßte dringend etwas getan werden, um die Anbauverfahren zu normalisieren. Achten Sie auf Veränderungen in Ihrer Umwelt!
Chemische Medikamente stellen oft nur eine zusätzliche Belastung dar. Für die Reinigung des Körpers empfiehlt sich ein simples Schwefelbad. 1 Eßlöffel genügt für eine Wanne. Ein heißes Schwefelbad zieht Schadstoffe aus der Haut und strafft das Fettgewebe unter der Haut. Anschließend sollte man nicht duschen, sondern in eine Decke gewickelt schwitzen. Es ist ebensogut wie eine Sauna. Ich empfehle ein Bad für die Entschlackung und zur Regulierung des Kreislaufs 1x im Monat. Interessanterweise wirkt ein Schwefelbad auch bei Erkältung und Grippe wahre Wunder, ebenso bei rheumatischen Erkrankungen, Gicht, Gelenkschmerzen und Arthritis. Es tötet alle Infektionserreger ab, die außen auf der Haut sitzen. Es bekämpft Hautinfektionen und schlecht heilende Wunden. Im Unterschied zu "modernen" chemischen Mitteln mit erschreckenden Nebenwirkungen kann bei einem simplen Schwefelbad nichts passieren, außer daß es muffig riecht.
Wenn Sie Probleme mit Orangenhaut haben oder beim schwitzen unangenehm riechen, ist ein regelmäßiges Schwefelbad unbezahlbar! Zur Straffung der Haut und zur Festigung des Gewebes empfiehlt sich außerdem Eichenrindenbad. Es zieht die Haut zusammen und beseitigt Unreinheiten ebenso wie Hautkrankheiten. Diese beiden einfachen Hausmittel waren früher überall gängig. Heute sind sie ganz zu Unrecht in Vergessenheit geraten. Sie wirken anregend und belebend, ohne die Haut auszutrocknen. Falls Sie derartige Bäder in der Apotheke kaufen, müssen Sie darauf achten, daß keine chemischen Zusätze darin enthalten sind. Es gibt derartige Bäder mit erschreckend hohen Mengen an Schmerzmitteln, um Rheumatikern mit hoch dosierten Schmerzmitteln von außen die Schmerzen zu vertreiben. Das kommt einer erneuten Vergiftung gleich.
Im Streß der Großstadt und dem allgegenwärtigen Verkehr stumpfen unsere Sinne immer mehr ab. Es sind so viele Schadstoffe in der Luft, daß es schon ganz natürlich ist, wenn die Masse der Menschen das halbe Jahr über verschnupft ist. Wir schützen uns

durch eine verstopfte Nase vor Schadstoffen und Smog. Auch wenn uns die Arbeit oder das Privatleben im übertragenen Sinne stinkt, schließt sich unsere Nase. Der Geruchssinn wird dem 1. Chakra und der Erde zugeordnet. Unser Riechgedächtnis ist eine phänomenale Einrichtung. Wenn wir etwas acht geben und uns auf den Riechsinn konzentrieren, dann werden wir bemerken, daß unser Gehirn jeden chemischen Stoff, den wir jemals gerochen haben, registriert hat! Unser Gedächtnis weiß sehr genau, ob der Stoff für uns in einem guten oder schlechten Zusammenhang stand! Wenn wir uns abschotten und kaum noch richtig riechen, dann schränken wir unsere Lebensfähigkeit ein. Das ist ein Teil der täglichen Zivilisationsbelastung.
Aus diesem Grund ist es sehr wichtig für unsere Offenheit, daß wir den Geruchssinn wieder aktivieren. Das geht sehr gut mit ätherischen Ölen. Wenn wir keine Gelegenheit mehr haben, frische Erde, sauberen Schnee oder Frühlingsblumen zu riechen, dann können wir uns zumindest durch reine ätherische Öle etwas von den Heilkräften der Natur ins Haus holen. Die Benutzung von ätherischen Ölen in der Wohnung öffnet unsere Sinne erneut für diese Naturkräfte. Schon wenige Tropfen Eukalyptus oder Melisse lassen uns tiefer und befreiter durchatmen. Wenn wir daheim unsere Atemübungen machen, können wir die Wirkung der Übung verstärken, indem wir je nach Bedarf ein ätherisches Öl verwenden, daß uns anregt, beruhigt oder Atembeschwerden lindert. Im Büro können Sie den Muffgeruch von Staub und Papier vertreiben und das Klima verbessern. Ätherische Öle sind Balsam für die Lunge. Es sind sehr konzentrierte Pflanzenwirkstoffe. Sie können auch innerlich angewandt werden, sind aber vorsichtig zu dosieren, weil einige in konzentrierter Form ätzend wirken.
Mit dieser kleinen Palette von Möglichkeiten können Sie viel für ein gesundes Leben in der Zivilisation tun: Atmung, Meditation, Energytraining, bewußte Ernährung, genügend Vitamine, Reinigungskuren und ätherische Öle für unsere Sinne!
Eine sehr ausführliche Darstellung von gesundheitlichen Methoden finden Sie in meinem "Gesundhgeitslexikon": Über die Rolle der Meidizin, den Energiekörper des Menschen, sinnvolle Therapiemethoden, die Sprache der Organe, Kuren usw.

Krankheitsursachen erkennen und das Problem lösen

Es gibt verschiedene Ansichten, warum jemand krank wird und was man dagegen tun kann. Ich meine, daß letztlich alle Krankheiten und Probleme geistige, psychische oder emotionale Ursachen haben. Durch gewissenhafte Beantwortung der folgenden Fragen können Sie jedes Problem und jede Krankheit richtig einordnen und korrigieren. Die Selbsterkenntnis ist der erste und wichtigste Schritt auf dem Weg zur Heilung und Problemlösung!

1. Sie brauchen die ehrliche Bereitschaft, die Ursache zu erkennen, sonst führt keine Art der Behandlung zum Erfolg! Lernen Sie das Prinzip des Erkennens zu beherrschen! Achten Sie nicht auf so vordergründige Ursachen wie "Erbanlage" oder "Infektion".

2. Fassen Sie das Problem oder die Krankheit in klare Worte. In der Formulierung liegt meistens schon der Schlüssel zur Antwort: Beim Laufen tun mir die Füße weh! Frage: Warum oder wohin will der Betroffene nicht gehen? Wovor hat er Angst?

3. Übertragen Sie die Krankheitserscheinung auf die geistig-seelische Ebene. Betrachten Sie die Doppeldeutigkeit vieler Krankeiten: Er hat die Nase voll! Vom Schnupfen oder weil ihm die Arbeit stinkt oder vielleicht die Ehefrau? Die Augen werden schlechter! Frage: Was will der Betroffene nicht sehen?

4. Wann traten die Beschwerden das erste Mal auf? Der genaue Zeitpunkt ist wichtig! Welche wichtigen Veränderungen gab es damals? Z.B. Berufswechsel, Eheschließung, Tod eines Angehörigen, Geburt eines Kindes usw.

5. Woran hindert Sie die Krankheit? Was können Sie deswegen nicht tun? Was sollen oder wollen Sie nicht fortsetzen? Welche Einseitigkeit oder welche schlechte Eigenschaft müßten Sie ablegen, um gesund zu werden?

6. Gehen Sie geistig in die Vorstellung hinein, daß das Problem gelöst ist, und Sie sind wieder ganz gesund! Wie fühlen Sie sich? Was bringt es Ihnen? Wollen Sie das Problem wirklich beseitigen oder profitieren Sie irgendwie von den Behinderungen?

7. Wenn alles geklärt ist, konzentrieren Sie sich ganz und gar auf die Lösung des Problems und Sie werden es mit Sicherheit überwinden! Wenn es nicht klappt, haben Sie bei der Analyse Fehler gemacht. In so einem Fall sollten Sie vielleicht eine Beratung in Anspruch nehmen. Die Vorarbeit, die Sie mit diesem Fragebogen leisten, hilft gewiß sehr viel bei der Aufklärung Ihrer Angelegenheit!

Affirmation:

Mein Körper ist gesund und dient mir auf wunderbare Weise.

Über den Autor

D. Harald Alke, Biotechniker, Staatsexamen 1966, studierte neben westlichen Wissenschaften ZEN bei Rhoshi Tetsuo Nagaya und bei MahanTantric Yogi Bhajan Kundalini Yoga und Tantra. Seit 1976 widmet er sich der Erforschung der Natur des Menschen, unserer Herkunft und Zukunft. 1986 gründete er "Kyborg Institut und Verlag für Synergetik und Psychokybernetik",1998 die "Alke GmbH für Spirituelle Kunst & Magie". 1990 entwickelte er die Energiepyramiden des Horus. Wenn Sie mehr über unsere Arbeit wissen möchten, fordern Sie unsere Info-Broschüre kostenlos an. Ausführliche und vielseitige Berichte finden Sie im Internet unter **www.alke.org** email: **info@kyborg-institut.de**
Internetshop: **www.energiepyramiden.de**

Bücher (B) und CD's von D. Harald Alke:

Lebensfreude & Erfolg durch Autogenes Training + Psychokybernetik
Buch & 2 CDs in Geschenkbox
Gesunder Schlaf & Psychokybernetik B & CD in Geschenkbox
Energytraining I. mit CD **Mantraproben** - wie man sie richtig singt
Energytraining II. mit CD **Shankaranama** Dhyana-Yoga
Die Ethik des Neuen Menschen B
ZEN Die Kunst zu lenken ohne zu denken B
Die Stufen des Pranayama: Das Geheimnis von Atmung und Konzentration
Esoterik Band 1: Einführung in die Esoterik Numerologie, Kabbala, Tarot B
Esoterik Band 2: Kunst & Magie mit edlen Kristallen B
An goldenen Fäden hängt die Welt SF-Fantasy-Roman
Transferstation Anggmaggsalik SF-Fantasy-Roman
Trivium Charantis - und sie sind doch grün! SF-Fantasy-Roman
Das Erfolgskonzept - Endlich die eigenen Ziele verwirklichen! B
Energie für Millionen - Ungeahnte Reserven nutzen! B
Die Antwort auf alle Fragen: Sag JA zum Leben! B
Botschaften aus dem Licht, Channelbotschaften B
I Ging - Das Würfelspiel der Götter B + 3 Würfel
Energiepyramiden verändern die Welt B
Der Pyramidenmann Am Anfang einer neuen spirituellen Dimension B
Die Energiepyramiden des Horus - Begleitheft
Sensitivity Games, lehrreiche Spiele zur Förderung sensitiver Wahrnehmungen mit Energiekegeln, Meditationskegeln, Energiepyramiden, Dimensionstore usw. B
Esoterik Band 3: Gesundheitslexikon der Esoterik B
701 Seiten, mit farbigen Meditationstafeln der Chakras

CDs:
Tempel des Lichts, die Zwiesprache mit dem inneren Ratgeber
Gutes Gedächtnis und optimale Konzentration / Spielend leicht lernen
Lebensplanung mit Erfolg! Zielplanung und positive Suggestionen
Die Erweckung der inneren Kraft positive Suggestionen
Shankaranama uvaca: Der Weg der absoluten Erkenntnis, Dhyanayoga
Astralreise, neue Kraft durch eine Reise zu den Sternen
Thule - Stadt der goldenen Tore - Reinkarnationserfahrung life
Reise zum Ursprung des Universums, live-Meditationsanleitung
Erfolgreiche Lebensplanung, inkl. positiver Suggestionsprogramme
Meditative Mantras für ein Leben in Harmonie
Aktive Mantras für ein dynamisches Leben

Video: Hier entsteht die Zukunft!
Vom Bau der großen Energiepyramiden-Anlage in Südfrankreich, z. Zt. Lieferbar ca. 15 Minuten als VHS, in Kürze auch als Video-CD.

4 Ayurvedische Tee

Mata Mahani Tee (fein gemahlen) Er verbindet Leib und Seele und wirkt belebend, anregend und ausgleichen auf unseren Geist und die drei Doshas. Unser Klassiker fördert somit die Prakriti, Deine natürliche Konstitution. Man trinkt ihn pur, nicht zu heiß, je nach persönlichem Geschmack auch mit Zitrone und Honig, gekühlt für heiße Tage oder mit Milch und Honig. Im Winter eignet sich die Mischung sehr gut für Glühwein. Er ist fein gemahlen und sehr ergiebig: Inhaltsstoffe: Gewürznelke, Ingwer, Kardamom, Koriander, Schwarzer Pfeffer, Zimt

Gurdjahari (fein gerebelt) fördert den Energieausgleich zwischen Körper, Seele und Geist, schenkt Dir einen frischen Tag, fördert die Meditation, Empfehlung für morgends, sowie vor und nach der Meditation. Inhaltstoffe: Pfefferminze, Koriander, Zitronengras, Salbei, Weidenröschenblüten, Anis, Cardamom, Nelke, Macis, Vanille Dosha: fördert Vata, geistige Beweglichkeit, Kreativität, Freude

Mahendranat (fein gerebelt) Er schafft neue Energie, Blockaden lösen sich. Er baut Dich wieder auf. Empfehlung für tagsüber. Inhaltstoffe: Eisenkraut, Hibiskusblüten, Süßholz, Anis, Rosenblüten, Alantwurzel, Wachholderbeeren, Sternanis Dosha: fördert Pitta, Lernen, Ehrgeiz, Konzentation, Motivation

Vishvamati (fein gerebelt) Er wirkt geistig befreiend, reguliert, er beseitigt körperliche und seelische Streßzustände, entspannt den Verdauungstrakt. Empfehlung für abends, da nachts für Körper und Seele die Verarbeitungs- und Reinigungsprogramme laufen. Inhaltstoffe: Beifuß, Bohnenkraut, Curcuma, Ingwer, Fenchel, Ringelblumenblütenblätter, Citronenschale, Lorbeer Dosha: fördert Kapha, Stabilität, Vertrauen, Zufriedenheit, Zärtlichkeit

Schwefelbad / Eichenrindenbad / Kristallkugeln u.a. auf Anfrage!
Unipol Metallreiniger für Messingpyramiden

Energiepyramiden - Kunstobjekte - Zubehör

Energiepyramide A mit Biokondensatorplatten, Begleitheft, Kompaß
Energiepyramide B mit Biokondensatorplatten, Begleitheft, Kompaß
Energiepyramide C mit Kristallachse Amethyst, Rosenquarz oder Bergkristall
Große Modelle von 270 - 900 cm Höhe sind auf Vorbestellung lieferbar!
Kristallstäbe für Modell B (60 Sorten!)
Meditationskegel, 1 Paar in Geschenkschatulle, vergoldet
Energiekegel B, vergoldet, incl. Kristallkugel
Pharaonenstuhl - Kunstobjekt für Einweihungszwecke
Horus-Ring mit Kristallsensor

Außerdem liefern wir eine Vielzahl von Zubehörteilen aus Acryl und Kristallen, Zepter, magische Instrumente, Energieverstärker usw. Eine vollständige Liste finden Sie im Internet, oder Sie rufen uns an: 0049.6243-7057!

Aktuelle Preise und Messetermine auf Anfrage oder im Internet unter www.energiepyramiden.de